四天王寺大学准教授
原田三朗

現場の教育論

東洋館出版社

はじめに

先日、教師を目指す学生を対象として、教師になったばかりの先生2名に、現場の様子を話してもらいました（2人とも私の勤務する四天王寺大学の卒業生）。

授業はオンライン。私がインタビューアーとなり、2人から話題を引き出すという形式で、「ようこそ先輩」と銘打って行った1年生を対象とする授業のひとコマです。

新任先生の1人は、大きな体格の持ち主の男性教員です。彼は小学1年生を受けもったからか、学生に向かって話をするときも、わかりやすい言葉を選びながら、それこそ子どもたちに語りかけるようにゆっくりと話をしてくれました。

もう1人は、地元の小学校で3年生を受けもつ女性教員です。初任にもかかわらず任された運動会のダンスのエピソードを語ってくれました。子どもたちのやり遂げた姿を朝礼台の脇から見て、同じ学年の先生と号泣したのだと言います。

それぞれ4月に教壇に立ち、半年を過ぎた初冬の話です。その間、いろいろなことがうまくいかず、苦しいこともたくさんあったにちがいありません。しかし、どちらの先生も、自分の半年間の様子を活き活きと語ってくれました。授業の振り返りでは「先輩の先生たちは、きらきらしていた」と書いていた学生もいて、自分たちと年の近い新任の先生方の姿に心が揺さぶられたようです。

では、教壇に立ったばかりの彼らがなぜ、自分たちが体験したことを、ときにうれしそうに、ときに誇らしげに語ることができたのでしょうか。それは紛れもなく、彼らを支えている現場の教師たちの存在です。

自分一人ががんばったからといって、よりよくなるほど教師の営みは甘くありません。ときに同僚を支え、ときに支えられながら、ともに創造しつづける関係性があってこそ、子どもたちが輝くことのできる舞台が生まれるのです。

その一方で、同僚と支え合いたくても忙しすぎて、自分のことだけで手一杯、教材への理解を深めようにも雑務に追われる日々、課題のある子どもへの対応に追われ、ときとして学校事故が起きる、保護者などからもクレームが入る…さらには、一握りの教師が不祥事を起こしたばかりに、世間から叩かれることだってある。

〝これでは割に合わないよな〟などと思って、落ち込んでしまうこともあるでしょう。それに対して私は、〝だからといって〟と思うのです。〝教師という仕事のもつ魅力が失われているわけではない〟と。

子どもたちとともに紡ぐ数限りない幾多のできごと、昨日より今日、今日より明日へと成長を遂げていく子どもたちの姿を目の当たりにできるたのしさ・おもしろさ、そうした子どもの姿を通して教師自身もまた、一人の人間として成長を遂げていく充実感を味わうことができるのが、教師という職業であり、その一点についてはこれまでも、これからも変わらないものです。

そのためにも、ＩＣＴ技術などの力を借りて校務のムダ・ムラ・ムリをなくし、授業づくりや子どもたちと接する時間をつくる、不登校をはじめとする学校だけでなんともならない課題については、外部との連携をより強化する、場合によってはＮＰＯ法人を含め官民連携で諸施策を講じ、先生方が本当に必要だと思えることにリソースを割ける環境を今後つくっていかなければならないでしょう。

現場の教育は、子どもと教師たちが編み上げる物語です。その根底には、学術研究とは異なる現場ならではの教育論があります。経験に基づくものでありながら、それでいて経験則ではない教育論です。

毎年のように、教師は新しい子どもたちと出会います。生育歴も体格も家庭環境もさまざまに異なる子どもたちです。教師にしてみれば毎年同じようなことをしているように感じていても、紡がれる物語は異なります。再現性があるようでなく、共通性があるようでない、「一回性」と「固有性」に満ちた出来事が、そこにあるのです。

個別・多様な物語を子どもとともに描きつづける営み。そこに通底している〝教師として自分はこうありたい〟と願う姿、同僚たちとともに子どもたちを育む営み。その連鎖が、現場の教育論を形成します。

描くことができるのは、点描としての物語です。しかし、散らばった多くの物語を手がかりに、新しい物語を編み上げることができるのであれば、おのずと未来の教育につながっていくのではないでしょうか。


私は30年以上もの間、小学校・中学校の教壇に立つ1人の教師でした。そして現在、大学という場から現場をみたとき、日々、実践を積み上げている先生方の姿の尊さに改めて心を打たれます。実習校を訪問するたび、授業研究にお招きいただくたび、〝戻ってきたなぁ〟という懐かしさと、子どもたちや教師たちが放つ輝きを肌で感じます。

本書が先生方の励みに少しでもなりましたら、これに勝る喜びはありません。

令和5年3月吉日　四天王寺大学准教授　原田　三朗

第3章　子ども論　127

第1章

授業論

教室の事実

教育書には、「4年生の発達段階は○○で…」などと書いてあるし、心理学の本には、「4年生段階の認知能力は…」などと書いてあります。それ自体はエビデンスに基づいた確かな（世間に認められた）知見なのだろうと思います。しかし、みなさんの目の前にいるその子にも、それらは当てはまるのでしょうか。

教育とは、（突き詰めれば）目の前にいるその子を育てることだと思います。

仮に、その子が町の学校に通う4年生だとするならば、山の学校に通う4年生とは違う4年生のはずです。隣の学校に通う4年生とも、隣の席に座っている4年生とも、やっぱり違うはずです。

その子はその子であってほかのだれでもない、その子の前に立つ教師としての私は、私であってほかのだれでもない、だからこそ教育行為が成立すると私は考えています。

4年生の9月、算数の単元は「わり算の筆算」。学習指導要領においては「除法の計算ができ、それを適切に用いること」が示されているけれど、その子は計算が苦手です。学級の、そして、学年の平均点を下げています。それがどうやら学校の評価にも影響を及ぼしているようです。しかし、その子は、苦手な計算練習に人一倍取り組んでいるのを、担任である私は知っています。それが、教室の事実です。

かつて、「事件は、現場で起きているんだ！」と主人公が叫んで人気を博したＴＶドラマがありました。

事件は、ある一つの文脈のなかで起きており（固有性）、まったく同じ事件は過去にもなく、これからも起きることはありません（一回性）。指令室は、無限ともいえる情報やこれまでの事例を解析し、最善の方法を見いだし、行動計画を現場に伝えます。これに対し、「固有性」と「一回性」に満ちた事件を前に、現場では、刻一刻と変化する状況に応じて判断を下し、行動します。両者には、当然のごとくずれが生じます。そのとき、主人公が叫ぶのです。「事件は、現場で起きているんだ！」と。

指令室の伝える指示は、確かに正しいのかもしれません。しかし、その子はその子であり、その子の担任は、ほかでもないこの私です。その子は、その子を取り巻く仲間たちと、それぞれ異なった関係をもっており、その子の保護者は、やっぱりその子の保護者であり、他の子の保護者でもなく、「保護者とは…」と書かれている教育書に登場する保護者とも違う。

その子は、さまざまな環境とのかかわりのなかに立つ、固有の存在としての一人の人間の子どもです。その子と対峙する担任の私は、その子の幸せを願い、日々の生活を積み重ね、その子との関係をこつこつと編み上げます。学級担任となった4月からその学年が終わる3月まで、学校、そして、教室という場で生活を共にします。

担任としての私がよい教師であるのかはわかりません。それでも、30人いれば、30人の子どもたち一人一人と日々の物語を紡いでいきます。かかわりの深い子どももいれば、少し離れている子どもだっています。

だけど、私は、一人一人の子どもを慈しみ、大切に思って、日々を過ごします。そこに学級固有の文化が生まれる、学年団としての固有の文化が生まれる、その延長線上にその学校固有の文化が生まれるのです。一回性に満ちた日常が、そうやって過ぎていきます。

指令室は、わかっているのでしょうか。

4月、担任として1年間受けもつ子どもたちの名簿を見たときの緊張感、心の高まりを。学級懇談会、家庭訪問、授業参観、4月、5月とあわただしい毎日を子どもたちと過ごすなかで、緩やかに学級の形ができあがっていくことを。朝、欠席連絡のない子どものことを担任がどれだけ心配しているのかを。その子のために多くの教師が連絡を取り合いながら動き回っていることを。同じ4年生であっても、4月の4年生と9月の4

年生と、翌年2月の4年生とでは、ずいぶんと違っていることを。子どもは、日々成長を遂げ、日々変化していることを。

指令室は本当にわかっているのでしょうか。

教室で繰り返される心洗われるようないくつもの出来事のことを。周りの子どもたちの心温まる拍手に包まれた教室のことを。「わかった！」という子どもたちのキラキラした笑顔を。それを心から喜ぶ仲間たちのさわやかさを。うまくできずに涙がこぼれてしまう子どもを脇で支える仲間の瞳を。

「〇〇小学校スタンダード」という言葉があります。私には怪獣の名前にも聞こえます。怪獣の名前としては、素敵な名前だと思います。しかし、スタンダードという怪獣は、現場を食い荒らします。子どもたちの顔をみな同じような顔にしてしまいます。

「逃げろー、スタンダードがきたぞ」

「スタンダードに食われると、私が私じゃなくなっちゃうかもしれないぞ！」

逃げる最中、指令室からの伝令が届きます。

「まず、逃げるための計画を立てなさい。次に、それを実践しなさい。そして、それがうまくいっているかを確認し、うまくいっていないようなら改善案を出しなさい」と。

それに対して、私は心のなかで叫びます。

「そうじゃない！　状況は刻々と変化している。その変化に対応して瞬時に判断を下さなければならないのが、私たち教師の仕事なんだ」と。

学校の出来事は、固有性と一回性に満ち満ちているのです。

かつて東井義雄は、昭和41年9月発行の校長だより『培其根』（ばいきこん）に、次のように綴っています。

「教育」は、結局「ひとり」「ひとり」の確立である。いくらうまい授業をやったところで、うまい発表会をやったところで、りっぱに見える体育会をやったところで、それが「ひとり」「ひとり」の確立につながらないのでは、「教育」とはいえない。

できる子ども、わかっている子どもだけとの間の問いと答えとで進んでいきがちな授業、すぐれた子どもだけをとりあげていく発表会、歌えない子やぶきっちょの子どもを四捨五入や切り捨て扱いし易い学校行事のことも私自身、反省せずにおれない。

「ひとり」「ひとり」は、「ひとり」「ひとり」それぞれの事情をもっている。「教育学」も「心理学」も「教授学」も、一般的なことをは教えてくれても、「ひとり」「ひとり」の個人的事情に適応する方法までは教えてくれない。しかし、この「ひとり」「ひとり」

の個人的事情にまでふれていき、それに適合する方策を考えていかなければ、「ひとり」「ひとり」の確立は望めない。

（東井義雄著『培其根』第一巻、昭和四十一年度復刻版、不尽叢書刊行会、２００３年より）

半世紀も前に書かれた言葉は、いまだ色あせません。それどころか、情報があふれる現代世界のなかで、教育の原点にいま一度立つ必要があることを、東井は私たちに教えてくれます。

教育現場の、本当に優れた実践は、なかなか世に出ません。心ふるえる子どもの美しい姿も、その背後にある教師のきめ細かな働きかけも、なかなか知られることはありません。なぜなら、なにかの器に移し替えようとした途端、教室のなかに確かに存在したはずのものが別物になってしまうかもしれないことを、教師は知っているからです。

真の教育的支援とは、ぬかるみにはまった牛車をそっと後ろから押すように、それでいて人夫は自分の力で抜け出したんだと思えるように、しかも人夫に気取られないように、そっと行われるもの。かつて大村はま先生がご著書のなかで語っていたお話です。

教育現場での出来事を広く世間に知ってもらうことが、その子の成長にたいして役立たないことを、教師は知っています。

〃教育現場で生まれるその感動や喜びは、同僚や生活の場をともに過ごす子どもたち、その子の保護者たちと分かち合うことができればそれでいい〃と考えています。

だからこそ、現場の教師たちは、日々、誠実に目の前にいる子どもたちと向き合い、ささやかな実践をこつこつと積み重ねています。

うまくいかないときもあります。そんなときは、同僚や先輩たちに相談しながら、新たな一歩を模索します。目の前にいる子どもの具体的な姿をとらえ、それにどう働きかけていけばよいのか、教室の事実をもとに「あーでもない、こーでもない」と同僚たちと語り合います。

日本の教育は、何万、何十万という名もなき教師たちの日々の営みによって支えられています。そうした営みのなかにこそ、教師たちが脈々と築き上げてきた現場の教育論があります。

言葉にすることがむずかしい固有性と一回性に満ちあふれた現場の世界。

そこにある無限ともいえる宝を、理論的に構築されてきた学問や、もっともらしく見えるエビデンスとは別の切り口から語り合い、共有していくことが、今後よりいっそう重要性を増していくように感じます。

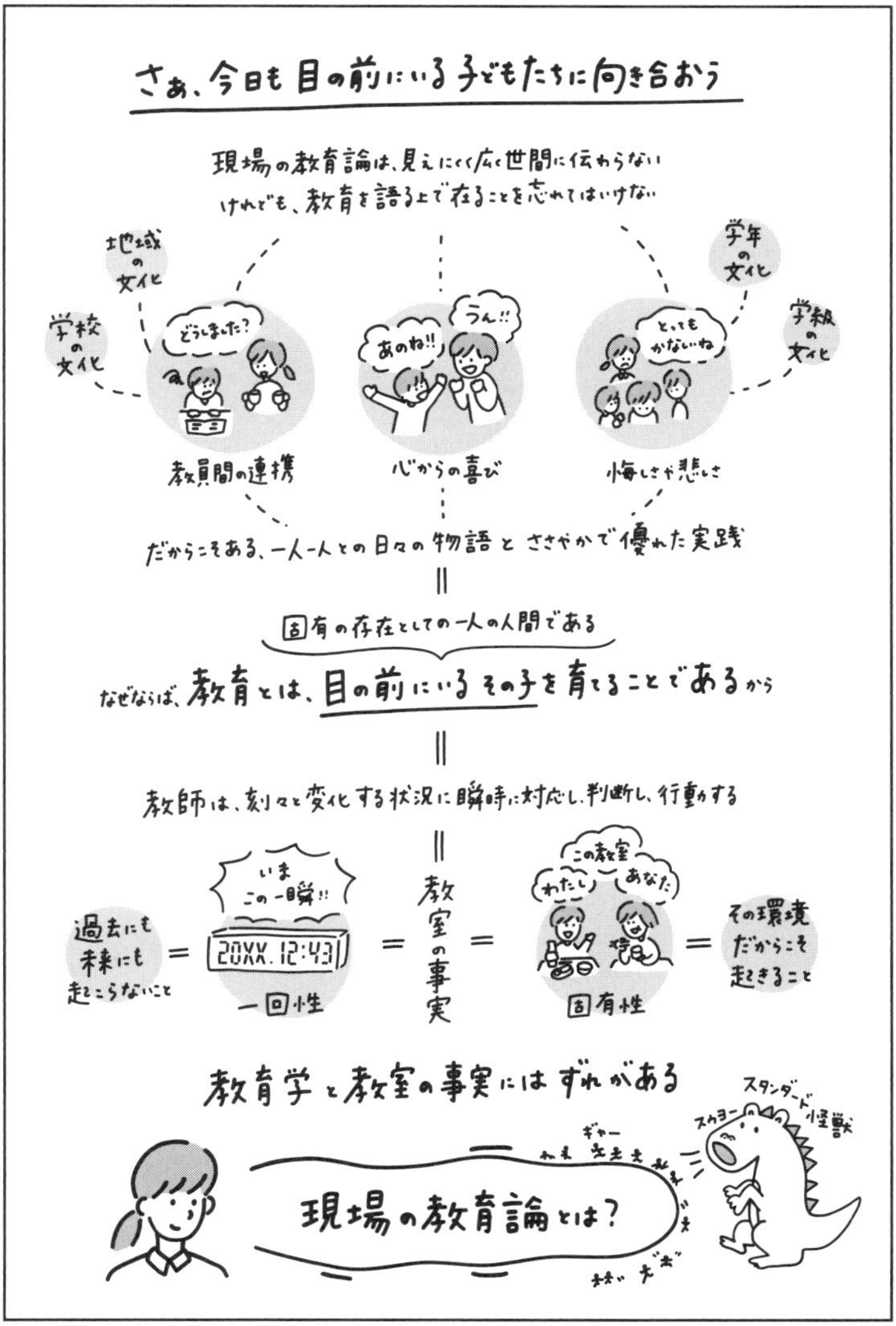
さあ、今日も目の前にいる子どもたちに向き合おう
現場の教育論は、見えにくく広く世間に伝わらない
けれども、教育を語る上で在ることを忘れてはいけない
地域の文化
学校の文化
学年の文化
学級の文化
どうしました?
あのね!!
うん!!
とってもかなしいね
教員間の連携
心からの喜び
悔しさや悲しさ
だからこそある、一人一人との日々の物語とささやかで優れた実践
||
固有の存在としての一人の人間である
なぜならば、教育とは、目の前にいるその子を育てることであるから
||
教師は、刻々と変化する状況に瞬時に対応し、判断し、行動する
||
過去にも未来にも起こらないこと
=
いま この一瞬!!
20XX.12:43
一回性
=
教室の事実
=
この教室
わたし
あなた
固有性
=
その環境だからこそ起きること
教育学と教室の事実にはずれがある
スタンダード怪獣
ギャー
現場の教育論とは?

学びを生み出す「間」

「人の話を聞くのがうまい人は、喋らせるともっとうまい」と言います。逆に言えば、「人の話を聞くのがへたな人は、喋りもへただ」と言えそうですが、世の中には、人の話にまるで耳を貸そうとしないにもかかわらず、蕩々《とうとう》と流れる川の流れのように聞き手を惹きつける喋りができる人もいます。問題は、そのような人がよい教師たり得るかです。

結論から言うと、たとえどれだけ喋りがうまくても、また、どれだけ熱心に教材研究をしていても、子どもの声に耳を傾けられない教師であれば、子どもにとって学びのある授業はできません。

それは、授業記録を見れば一目瞭然です。なにしろ、そうした授業記録には、子どもの発言やつぶやきがほとんど書かれていませんから。子どもたちが立ち止まって考える時間を与えられていないことがよくわかります。子どもたちが置いてけぼりになる授業であり、低学年だと特に顕著に表れます。

子どもたちに確かな学びを提供できる教師は、必要以上に自分の語りの量を増やすようなことはしません。むしろ、教材研究を深めるにつれて自分の語りを精選していきます。そこまでしてはじめて、授業に適切な「間」が生まれます。子どもたちがじっくり考えたり、話し合ったり、つぶやいたりする「間」です。

授業の入り。はじめの3分ほど参観すれば、その授業がどんなテンポで展開していくのか、およそ見当がつきます。

とりたててむずかしいことではありません。授業は、「起立、礼（授業をはじめます）、着席」などの声かけではじめることが多いと思いますが、この「着席」の後から教師の第一声までの「間」と「目線」を観察するだけです。

「間」が短いときは、忙しい授業になります。テンポの速い授業です。

だからといって、速いのが悪いわけでは必ずしもありません。教師が意図的にそうしていることもあるからです。そんな授業であればテンポよく学習できるので、子どもたちを飽きさせません。

問題は、教師の側に余裕がないときです。余裕がないと、一定のリズムを刻めずにどんどん走ってしまう。せっかく子どもに問いかけても、自分で話し出してしまう。〝もう少し待てばいいのに〟と思っても、「間」を取れないのです。

以前、「着席」の声かけの後、一切の「間」を取ることなく教師がオルガンを弾きはじめる授業を観たことがあります。毎度のことなのか、子どもたちもその演奏に合わせて歌いはじめたのですが、その間、教師は一度も子どもたちの顔を見ようとはしませんでした。

〝あれっ？　大丈夫かな？〟と思いつつ見守っていると、授業が後半になるにつれて乱れに乱れていきました。教師が子どもと呼吸を合わせようとしていないのです。それでは、教師も子どもも戸惑うばかりです。

それに対して、「着席」の後、教師が適切な「間」を取り、子どもたちと呼吸や目線を合わせようとする姿が見られたなら、〝今日は落ち着いた授業になるな〟と感じます。子どもの様子が見えているから、教師のリズムではなく、子どもたちの学習のリズムに合わせて授業が進行するからです。だから、教師都合で授業が走らされずに済みます。

たとえその1時間の授業が、計画どおりに進まず、うまくいかなかったように見えても、たいした問題ではありません。子どもと教師の関係性から、日常的に豊かな学級経営が行われていることがうかがわれるからです。

音楽と同じように、授業にもリズムとテンポがあります。子どもたちが気持ちよくリズムを刻める授業を行うためには、教師によるテンポのコントロールが欠かせません。思ったことを好きなように発言したいときにはテンポを上げ、逆にじっくり考えさせたいときにはテンポを落とす。このようなコントロールが子どもたちの学習によいリズムをもたらし、授業にメリハリを生み出します。

ときには、授業の中盤になってもリズムをつくれずに、最後までもたついてしまうこともあります。逆に、最初からテンポを上げすぎて落ち着きのない授業になることもあります。こうしたことも、〝授業は生き物だ〟と言われることのゆえんの一つでしょう。

戦後の社会科教育の基盤をつくり支えた上田薫は、次のように語っています。

リズムが授業の流れの高まりと低まりによって生ずる。緊迫集中の度の山と谷によってつくられる。円滑に勢よく流れるときと、沈みがちにたゆたうときと、そしてからみあうように激突するときと、その抑揚が授業のリズムを生みだすのである。しかも授業におけるリズムである以上、それは当然集団によって織りなされる動きである。すなわちリズムは教師を含めた集団のリズムである。子どもたちの意欲が高まっていくときと低く落ちていくとき、それをたくみに生かして目標を達成することが授業の成功であり、その底にはかならず集団の活用ということがある。（中略）山と谷、いいかえれば上昇と下降とがあるからこそ、集団は生き、その成員もまた活躍することができるのである。

（上田薫著『人間形成の論理』黎明書房、１９６４年、「Ⅲ　授業研究の根本問題」より引用）

授業がうまいと言われる教師たちは、子どもたちの意欲を高めるのと同じように、そうでないときの見切り方がきっと優れているのでしょう。簡潔に言えば、「間」が大事だといえども、だらだらと「間」延びした時間をつくらないこと。それにはやはり、子どもをよく見て、子どもと呼吸を合わせる必要があります。

上田の言う「子どもたちの意欲が高まっていくときと低く落ちていくとき、それをたくみに生かして目標を達成する」とは、意欲が低く落ちていく場面も、目標達成に重要だということなのでしょう。谷があり下降があるからこそ、山、そして、上昇が際立つ。それは、「間」にも通じるところがあります。

間髪を入れずに子どもに活動させる場面、立ち止まりじっくりと考えさせる場面、エネルギーが爆発する直前の静まり返った場面、下を向いていた子どもがはっと目を見開いて身を乗り出す場面、授業には無数ともいえる物語があります。

だから、授業はおもしろい。だから、やめられない。

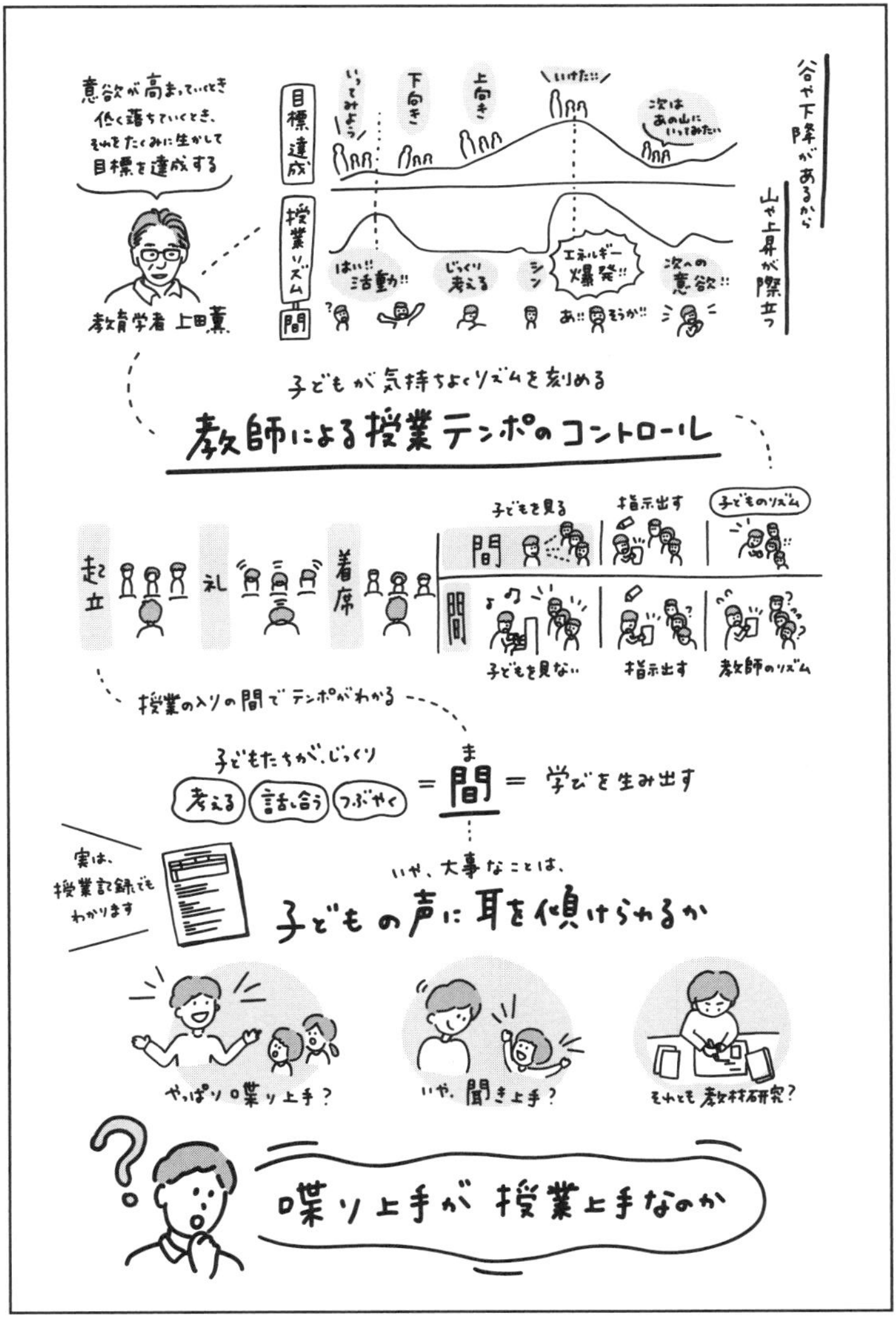

意欲が高まっていくとき
低く落ちていくとき、
それをたくみに生かして
目標を達成する
教育学者 上田薫
目標達成
いってみよう
下向き
上向き
いけた!!
次はあの山にいってみたい
授業リズム
はい!! 活動!!
じっくり考える
シン
エネルギー爆発!!
次への意欲!!
間
あ!! そうか!!
谷や下降があるから
山や上昇が際立つ
子どもが気持ちよくリズムを刻める
教師による授業テンポのコントロール
起立
礼
着席
子どもを見る
間
指示出す
子どものリズム
間
子どもを見ない
指示出す
教師のリズム
授業の入りの間でテンポがわかる
子どもたちが、じっくり
考える
話し合う
つぶやく
＝間《ま》＝学びを生み出す
実は、授業記録でもわかります
いや、大事なことは、
子どもの声に耳を傾けられるか
やっぱり喋り上手？
いや、聞き上手？
それとも教材研究？
喋り上手が授業上手なのか

板書の善し悪し

若手のころ、先輩や上司から受けるアドバイスの一つに「しっかり板書構成を考えておくこと」があります。指導案に板書計画が記されていることもありますから、(殊に小学校教育においては)重視されていることがわかります。

もちろん、板書そのものは大切です。ただし、板書ありきで授業を考えすぎてしまうと思わぬ事態に陥ることもあります。

1　柔軟であるはずの授業展開を「板書」が縛ってしまうことがある

板書は、あくまでも子どもの思考を促す、整理する、まとめるための手段の一つです。きわめて有効な手段であることに変わりはないのですが、手段ありきで授業をつくろうとすると、(自分としてはそんなつもりはなくとも)教師の思惑どおりに進める誘導的な授業になることがあります。

板書計画は、いわば授業展開を図示化した設計図にほかなりません。設計図どおりに進めることに気を取られすぎてしまうと、子どもの思いや考えが十分にとらえられないまま授業が終わってしまうということです。終始、教師が子どもに背を向けて黒板に向かいつづけ、子どもの表情やつぶやきに気づけないこともあります。

授業を参観するとき、私は教師の動線を追ってみます。板書に縛られると、教師の動線は黒板の１ｍ範囲に集中するからです。それに対して、子ども一人一人への声かけを心がけていれば、教師の動線は教室中に張り巡らされます。そこで、板書構成を考える際にも、自分が教室をどう動くのかについて考えてみるとよいでしょう。

２　子どもが黒板のほうばかり見ている授業になること

拠点校指導員を行っていたときのことです。毎週のように新任のＡ先生の道徳授業を観ていました。

小学校３年生を担任していたＡ先生は、最初は戸惑いつつも、だんだんと道徳授業に慣れ、板書もさまになってきました。ただ、Ａ先生には一つ気になっていることがあるようでした。話を聞くと、子どもが黒板ばかり見ていて、発言するだれの様子も視界に入っていないと言うのです。

そんなある日のことです。「板書をしない授業をしてみたいんですが…」と私に切り出してきました。

授業の最中、A先生は話し合いの場面になると教室の中央に立ち、「こちらに机を向けて」と言って、子どもたちの机の形を円形にしました。彼がねらったのは、お互いの顔を見ながら話し合いをすることです。

子どもたちは話し合いを上手に進めていました。発言したりその発言を聴いたりしているクラスメイトの様子もよく見ていました。どの子の表情も、いつもよりずっと豊かでした。

A先生のこの挑戦を見て、〝新任であっても一人の教師。授業にはこんな柔軟な発想が必要だよなぁ〟と強く思いました。

板書は手段、そうである以上「板書ありき」ではなく、「この授業で板書することが本当に子どもの学習の充実に寄与するのか」を考えてみることが大切なのだと思います。

さて、今後は逆に、「この授業では板書をしたほうがいい」と判断した場合の進め方を紹介します。

3　どこから板書をスタートするか

まず初発の問いや単元のはじまりの言葉をどこに書くのかです。

縦書きの板書であれば、右側［A］が定石となるでしょう（資料1）。横書きであれば、左上［A］か、中央上［A′］になるでしょうか（資料2）。

それ以外の箇所から板書をスタートした授業があったとしたら、意図的にそうしているか、全く考えられていない思いつきの板書となっているかのどちらかだと言えそうです。

以前参観した授業で、〝えっ！　その位置（黒板中央や左）から板書しはじめるんだ〟と意外に思ったことがありますが、授業が終わってみれば、最初に板書したことを受けて、その右側（黒板中央や右）にまとめて板書することで、板書全体の構造が、その1時間の授業の姿として見事に表現されたのです。逆に、「その位置から板書しはじめてしまうと、あとで困るんじゃないかな」と感じる授業を参観したこともありますが、そのとき

資料1　縦書きの板書

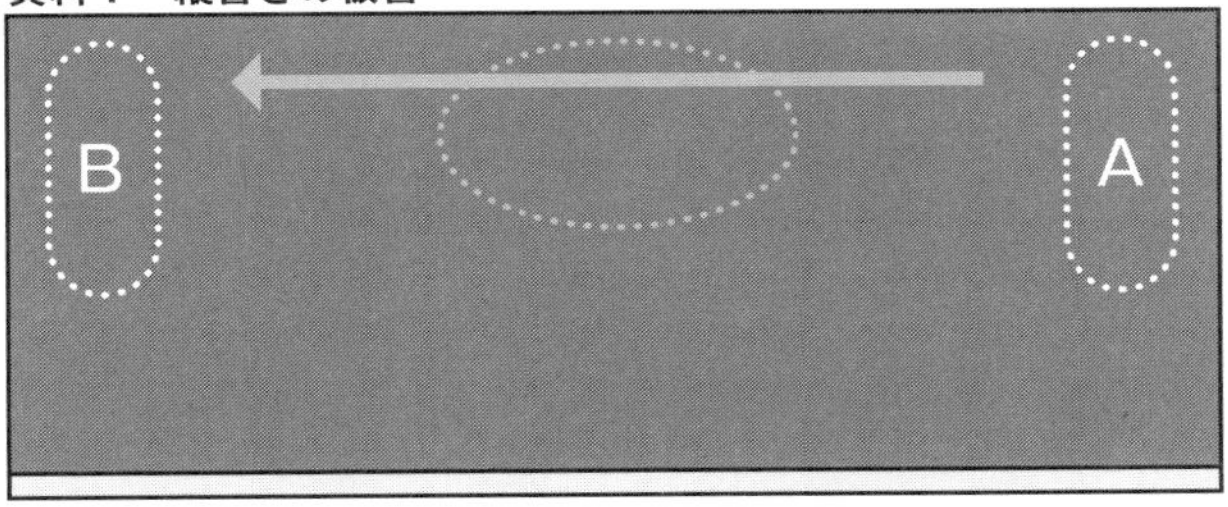

資料2　横書きの板書

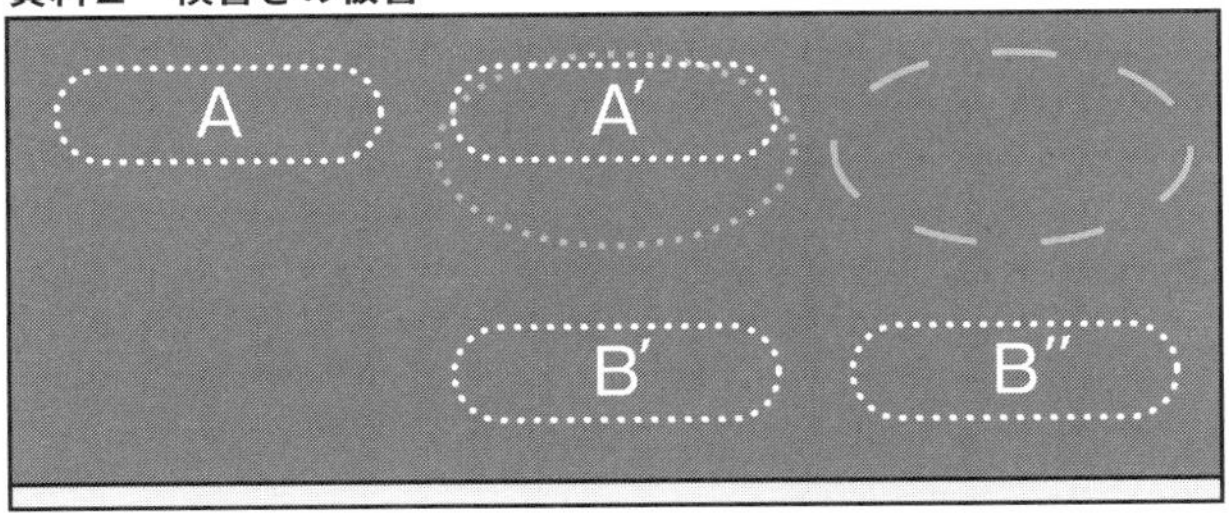

は子どもの発言を書き切れなくなり、どこが授業の軸なのかが、私にもわからない板書になっていました。子どもにとってもそうだったはずです。

資料3

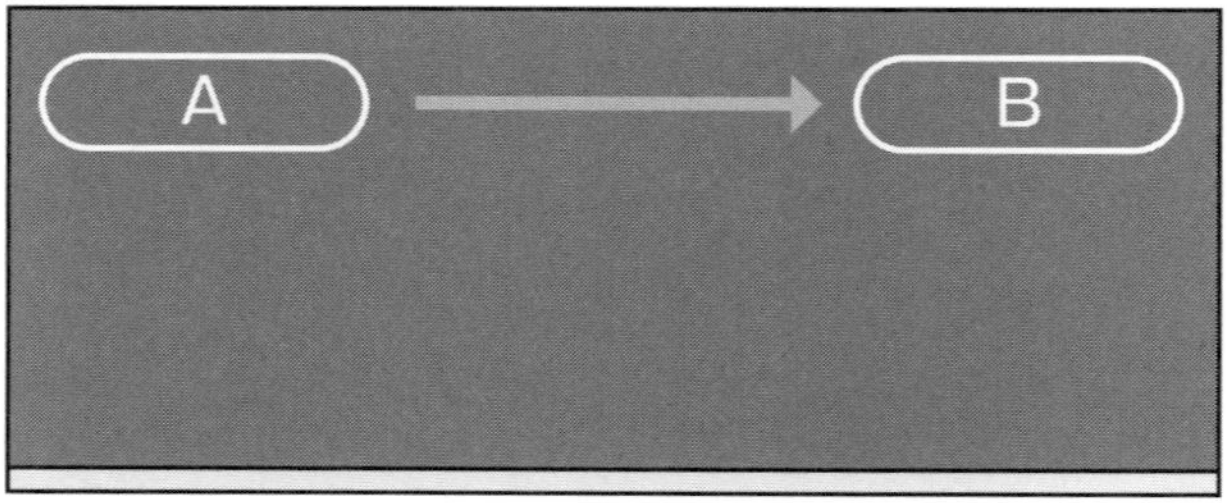

資料4

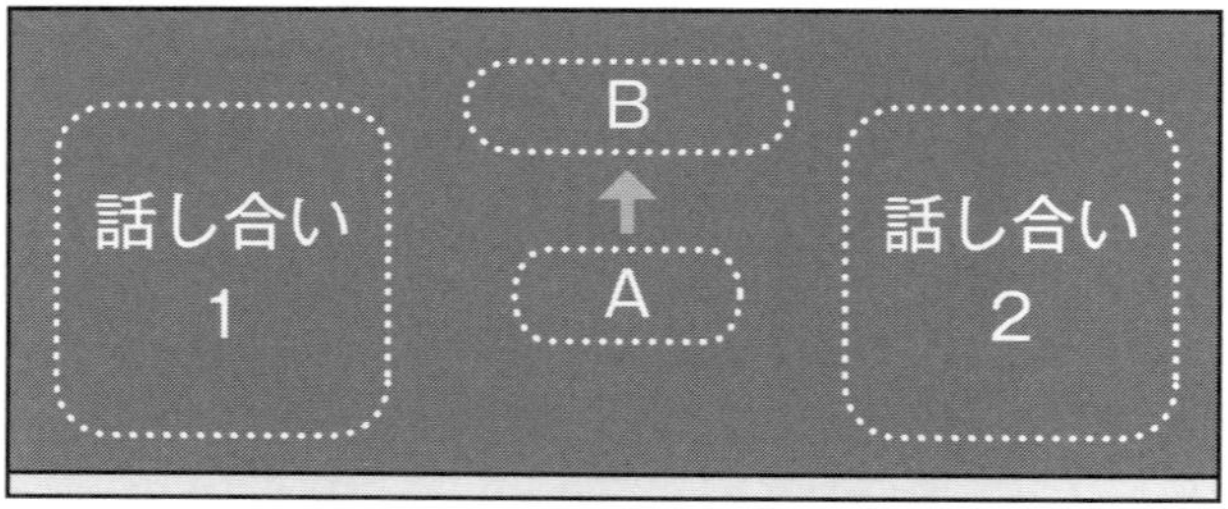

4　「まとめ」がどこに来るのか（↓「黒板のS席」となる場所はどこか）

次は、初発の問いに対して、授業のまとめをどこに書けばよいのかです。

縦書きであれば、黒板の左側［B］になるのが一般的で、なんらかの展開の後、矢印［←］が示され、Aに対するまとめのBが示されるのが定石です（資料1）。それに対して、横書きの場合には右下［B″］か、中央下［B′］になることがよくありますが（資料2）、これには問題があります。いずれも黒板の下部に配置されることになってしまい、子どもから見えにくくなります。要は、黒板の一番見やすい場所はどこかを考え、まとめを書くのです。

このように横書きを選択する場合には、子どもにとって見やすい、わかりやすいまとめの位置取り（授業のゴールイメージ）を考えたうえで板書計画を立てる必要があります。もしあまりむずかしく考えたくないときは、左上に問い［A］を配置し、右上にまとめ［B］を配置すれば、いたってシンプルな構造になります（資料3）。

すると、黒板の中央部から下部にわたって大きなスペースができます。そこで、理科であれば、左側のスペースに子どもの予想、中央のスペースに観察結果・考察、右側のスペースに振り返りや次時の見通しについて板書することができるでしょう。

もうひとつ、最初の問い以前、**資料4**のように板書を構成したことがあります。最初の問いを黒板中央［A］に置き、空けておいた左右のスペースに、話し合った子どもたちの意見で対照的だった事柄を左右に振り分けて書き、最終的には、意図的に空けておいた［B］の位置に本時のまとめを書きます。

ほかにも、いろいろな方法があると思うので、先生方の思いのこめられた板書構成を考えてみるとよいでしょう。

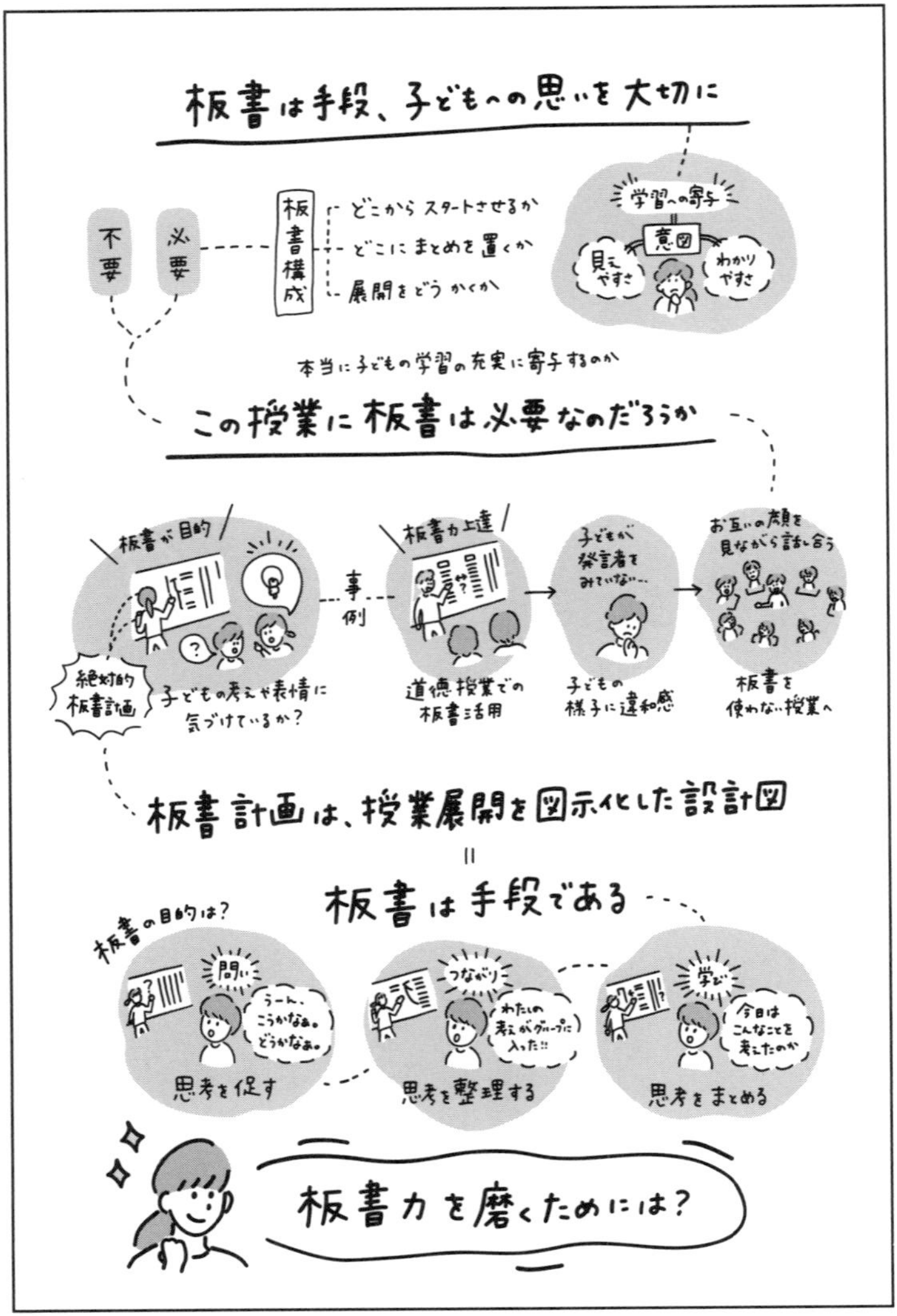
板書は手段、子どもへの思いを大切に
学習への寄与
意図
見えやすさ
わかりやすさ
不要
必要
板書構成
どこからスタートさせるか
どこにまとめを置くか
展開をどうかくか
本当に子どもの学習の充実に寄与するのか
この授業に板書は必要なのだろうか
板書が目的
事例
板書力上達
子どもが発言者をみてない…
お互いの顔を見ながら話し合う
絶対的板書計画
子どもの考えや表情に気づけているか？
道徳授業での板書活用
子どもの様子に違和感
板書を使わない授業へ
板書計画は、授業展開を図示化した設計図
＝
板書は手段である
板書の目的は？
問い
うーん、こうかなぁ。どうかなぁ。
思考を促す
つながり
わたしの考えがグループに入った!!
思考を整理する
学び
今日はこんなことを考えたのか
思考をまとめる
板書力を磨くためには？

3回

同じ場所に3回訪れると、見える景色が変わってくるといいます。

たとえば、はじめての一人旅。だれしも期待と不安でいっぱいです。〝どんなことに気をつけなければならないのだろう〟〝なにをもっていけばいいかな〟〝そもそも、どんなところだろう〟などと、ガイドブックやネットなどを使って入念に下調べを行い、〝なるほど、こんなところかな〟と自分なりにイメージを膨らませます。

しかし、どれだけ入念に調べていたとしても、いざ本物の光景を目の当たりにした途端に、〝実際に見るのとでは大違いだ〟と感じることが多いのではないでしょうか。

はじめて出会った風景やにおい、人々の息遣いなどに触れて心がふるえる体験になるかもしれません。あるいは、〝思ったほどではない〟と期待外れに思うときだってあるでしょう。どちらにせよ、事前の下調べでわかったことと直接体験してわかったこととは別物であるはずです。

さて、〝もう一度、あの体験がしたい〟と思って再び訪れ、〝やはり来てよかった〟と感動することができたとします。その感動は、最初に訪れたときと同じものでしょうか？

それもまた、異なっているはずです。なにかしら新たな発見があるからです。では、3回目はどうでしょう？

おそらくガイドブックで紹介されているような場所を回るだけでは飽き足らなくなっていて、一般の観光客が行かなそうなところへ出向くかもしれません。あるいは、現地の人たちの日常の暮らしと直接ふれ合う機会を求めるかもしれません。訪れる前の心もちも、訪れてからの行動も、1回目や2回目とはずいぶん異なるものとなるでしょう。

こうした（傍から見れば、〝また、行くの？〟と言われそうな）行動の繰り返しがもたらす体験の重層感は、大人だけの特権ではありません。子どもたちの体験活動においても同様です。

たとえば、生活科の授業で近所の公園に出かける活動があります。一度となく足を運ぶこともあるでしょう。このとき、子どもたちはみな同じことを繰り返しているだけでしょうか。子どもたちの内面に目を向ければ、一つとして同じ体験はなく、そのつど異なる場所に見えるに違いないと私は思います。

1回目の公園探検の季節は初夏。子どもたちは、どんなものに対しても興味津々です。見るもの、触れるもの、新しい発見ばかり。教室に戻ってきて気づいたことを交流し合えば、「紫色の花がいっぱい咲いていた」「すごく大きいバッタがいた」と、自分の発見をたくさん教えてくれるでしょう。

そんなクラスメイトの発見を聞いていて、〝えっ、そんな場所があったの？〟〝ぼくもバッタ、見つけたかった〟などと思いや願いを膨らませ、子どもたちは再び行ってみたくなります。

2回目は、〝前に行ったときはこうだった〟と、その公園のイメージをもって訪れます。なかには、同じ体験を楽しみたいと思う子もいるだろうし、友達が体験したことを「自分も！」と思う子もいるだろうと思います。

たとえば、その2回目は秋口。季節は移り変わっています。目にする景色が違えば、得られる体験も1回目とは異なるものとなります。「紫色の花がなくなっている」「葉っぱの色が変わっている」「ドングリを見つけた」などと、新しい発見に胸を躍らせることでしょう。そして、3回目は（1回目と2回目の体験が折り重なって）思慮深く景色を見渡すことでしょう。

このような変化は、子どもの内面にある目的意識によってもたらされます。自分なりのビジョンを思い描いたうえで出向くから「草木があるのは同じだ。でも、なんだか前と違う」と気づくのです。

回数を重ねるごとに、自分のしたいことは明確になっていきます。それにつれて、コップやシャベルといった道具を用意する子どももいるかもしれません。あるいは、（盛り上がった土砂を山に見立てるなど）場の特徴を生かす遊び方を考え出す子どももいるかもしれません。

ただ、そうはいっても1年生の子どもたちです。あまり観察的である必要はないと思います。事実がどうこうというよりも、子どもたちが身体全体で感じ取る実感を重視しつつ、それを少しだけ言語化してみるので十分。そうすれば、初夏の公園、秋口の公園、冬の訪れた公園の姿が、子どもたちの感性・感覚・思考によって描き出されるでしょう。

まち探検なども同様です。時折、商店街の人にインタビューする光景を見かけます。こうした活動も1回きりではもったいない。キャッチボールに喩えるなら、ボールが1往復するだけだからです。「投げた」「捕った」という単発の動作では、キャッチボールとして未完成です。「投げ返す」という動作がないからです。

インタビューした、答えてくれた、その回答を自分はどのように受け止めたのか、その思いや考えを言語化して再び相手に投げ返してみることではじめて、インタビューという活動が、その子にとって学びあるものになります。

インタビューされた相手も、変化を遂げていきます。〝前に話したことでは不十分だったかな〟〝もっと言葉をかみ砕いたほうがよかったかもしれない〟〝ほかにも伝えたいことがあった〃〃そうか、自分が考えていたことはこういうことだったんだ〃などと思っているかもしれません。

インタビューをする子ども、インタビューをされる相手の人との間で交わされる話題も、前回の内容を踏まえた濃いものとなるはずです。のみならず、お互いにぐっと身近な存在となることでしょう。相手の人の呼び方も、「お店の人」から「〇〇さん」へと変化します。子ども同士で報告会を行うとするならば、回を重ねるごとに、その人の紹介の仕方や報告の内容も、より具体的になっていくことでしょう。

最後は、「お話してもらったことから、私たちはこんなことを学びました」という成果とお礼を相手に伝えに行きます。相手の人もきっと喜んでくれるだろうし、そんなふうに喜んでくれている姿を子どもたちに見せたいと私は思います。そこまですると、「人とかかわるとはどういうことなのか」を、子どもなりに会得します。

かつて、「はじめてたんけん」「もっとたんけん」「ありがとうたんけん」と銘打った、3回のかかわりを位置づけた実践にかかわったことがあります。商店街への探検活動でしたがやはり、お店の人との子どもたち一人一人のかかわりは回を重ねるごとに深まっていきました。「ありがとうたんけん」の際には発表会の招待状を渡し、来校してくださったみなさんに向けて、自分たちが学んだことを発表することができました。

地域は、魅力に満ちた教材です。そうなるためには、単に地域にあるいろいろな「もの」の存在を知るだけでは物足りないと思います。地域にある「もの」や「こと」、その背後にある人々の「息遣い」にふれ、地域に生きる人たちの「思いや願い」にまで踏み込むことができてはじめて、教材としての魅力が生まれるのだと思います。

地域に生きる人の「息遣い」とは、うまくいった姿であったり、美しかったりするものばかりではありません。悩みや苦しさ、迷いなどの葛藤があります。そして、それらを乗り越えようとする人の営みがあります。よほど掘り下げていかなければ見えてこないものです。

だから、3回なのです。

何度も地域へ足を運び、気づきを増やしていく。体験を整理する。その先に「自分はこうしたい」という思いや願いが湧き上がってくる。今度は自分のなかに生まれた思いや願いを携えて地域にアプローチする。だから、地域も本気で応えてくれるようになる。

この連鎖です。そうなっていってはじめて、地域を舞台としたフィールド学習が、いわゆる「深い学び」をもたらしてくれるのだと思います。

もちろん、教師の働きかけも欠かせません。子どもたちが感じたことを言語化できるように導く、次の新しい発見にワクワク感を覚えられるようにする働きかけです。

そんな伴走者のような声かけやかかわりを通して、子どもが自ら出向きたくなったとき、子どもと対象（公園や地域の人々）とのつながりが形成されます。対象を自分ごととして感じ取ることができる、すなわち、地域のなかに居る自分の姿に気づくことができるのです。

これはまさしく同じ場所に3回訪れる効用であり、子ども一人一人の探究活動そのものです。そして、このような探究的な学びは、生活科に限ったことではありません。本質的には、どの教科等においても通底する学びのカタチだと私は考えています。

＊

現実には、「教育課程上、（総合的な学習の時間でもない限り）同じ場に向かわせる体験を3回させるのはむずかしい」ということもあると思います。1年を通して修学旅行、社会科見学、遠足をはじめとする学校行事などを複数回行うことはできません。

それに対して私は、次のように考えるのです。それは、「なにも年度という区切りで考えなくたっていい」ということです。

「同じ場に3回訪れる体験をする」というのは、（考え方としては）小学校時代に1回目、中学校時代に2回目、高校時代に3回目だってかまいません。場合によっては、3回目が訪れるのは大人になってからでもよいのです。

殊に、小学校時代は、とにかくふれてみる。そのときはなんの役に立つのかわからない、そんな体験をできるだけたくさんすることです。いったん心と体を通しておけば、あるときふとつながることがあるのです。

かつて体験した場所で働くことになるかもしれないし、地域に深くかかわる若者の一人になるかもしれません。そんなとき、すっかり忘れてしまっていた記憶が呼び覚まされ、〝あのとき、見聞きしたこと、考えたことの意味は、こういうことだったのか〟と気づくのです。

私は、大学で学生たちと絵本の研究を進めています。すると多くの学生が、幼いころに読んでもらった絵本について話をしてくれます。これは、その絵本との2回目の出会いだといえるでしょう。そして3回目は、どんな出会いが待っているのでしょうか。もしかすると、将来家庭をもち、授かったわが子に読んであげるときなのかもしれません。

教育とは、本当に迂遠なものだと思います。曲がりくねっていて、回りくどく、どこにたどり着くかわからないその先で、自分自身とつながり直すのです。そうしたルーツをつくるのが、幼いころや10代の体験なのであり、替えの利かない学びなのだと私は思います。

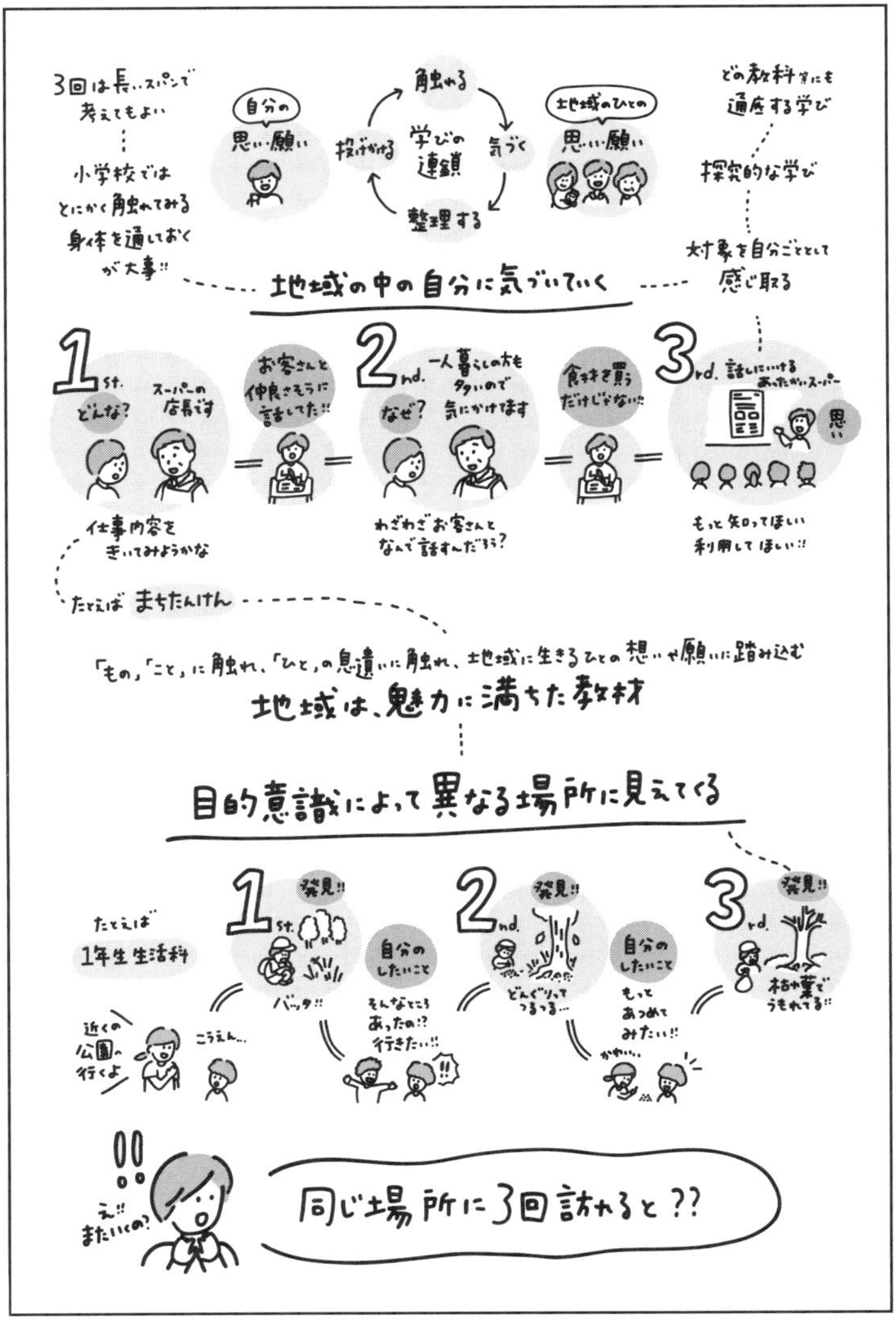
3回は長いスパンで
考えてもよい
小学校では
とにかく触れてみる
身体を通しておく
が大事!!
自分の
思い・願い
触れる
気づく
整理する
投げかける
学びの
連鎖
地域のひとの
思い・願い
どの教科等にも
通底する学び
探究的な学び
対象を自分ごととして
感じ取る
地域の中の自分に気づいていく
1st.
どんな?
スーパーの
店長です
仕事内容を
きいてみようかな
お客さんと
仲良さそうに
話してた!!
2nd.
一人暮らしの方も
多いので
気にかけてます
なぜ?
わざわざお客さんと
なんで話すんだろう?
食材を買う
だけじゃない!?
3rd.
話しにいける
あったかいスーパー
思い
もっと知ってほしい
利用してほしい!!
たとえば　まちたんけん
「もの」「こと」に触れ、「ひと」の息遣いに触れ、地域に生きるひとの想いや願いに踏み込む
地域は、魅力に満ちた教材
目的意識によって異なる場所に見えてくる
たとえば
1年生生活科
近くの
公園へ
行くよ
こうえん…
1st.
発見!!
バッタ!!
自分の
したいこと
そんなところ
あったの!?
行きたい!!
!!
2nd.
発見!!
どんぐりって
つるつる…
自分の
したいこと
もっと
あつめて
みたい!!
かわいい
3rd.
発見!!
枯れ葉で
うもれてる!!
!!
え!!
またいくの?
同じ場所に3回訪れると??

仲間とともに授業を創造する

現場の教師時代、ベテランと呼ばれるころになると、若い先生たちと一緒に授業をつくる機会が多くなりました。

最初のうちは、授業研究会で授業を参観し、協議会の場でお話するくらいだったのですが、公開する授業をどう構想するか、授業を公開して学んだことをこれからの授業にどう生かしていくかなどについて、授業者と一緒に考えるようになっていたのです。

また、授業実践論文にまとめるサポートも行っていました。大学に勤めるようになったいまも、私の研究室には、ともにつくった実践論文の写しが何十本と保管されています。その一つ一つが、実践者たちと一緒に歩んできた証であり、私の宝物です。

その多くは小学校の実践で、教科領域は多岐にわたります。なかでも多いのは、生活科と総合的な学習の時間ですが、算数、社会、音楽、体育、道徳、特別活動、特別支援教育の実践論文もあります。特別活動については、養護教育と一緒に歯の指導をしたり、赤ちゃんを学校に招いたりした実践もあります。

若い先生方との授業づくりは、ベテランである私が指導する立場でかかわったわけではありません。文字どおり一緒に悩みながら試行錯誤するというスタンスを貫いていました。ときには思うようにいかず、方向転換せざるを得ないこともありました。

昭和の時代に、作家の野坂昭如さんが「(プラトンもニーチェも) みんな悩んで大きくなった!」とぶっきらぼうに歌うサントリーのCMが流行りましたが、若い先生方とともに悩みつづけることができたおかげで、私自身ずいぶん成長させてもらえたように思います。

さて、そんな授業づくりを行う最中、私がいつも授業者に尋ねていた質問があります。それは、「子どもたちは熱心に学習してる?」というもの。

「夢中になってやってます」「この教材、子どもたちは好きそうです」「子どもたちは悩んでいます。でも、一生懸命に考えています」などとリアクションはさまざまですが、「子どもたちは熱心に取り組んでいるか」ということが、どの先生方にとっても授業の善し悪しを決める大切な評価規準になっています。

そうであれば、子どもたちの様子が重苦しくなってしまった（教材や授業から子どもの気持ちが離れてしまった）ときには、構想の段階でなにかしら無理があったに違いないという気づきが生まれます。すなわち、子どもの見取りが甘かったということであり、公開後の授業展開を見直す視点となります。

本番となる研究授業が重要なのは言うまでもありませんが、どのような道筋を経てつくられた授業なのか、研究授業を通して明らかになった事柄を次の授業にどう生かしていくかもまた同様に重要であり、その羅針盤となるのが単元の「指導計画」、本時の「指導案」です。なかでも、「指導計画」に関しては、私が勤務していた地域では「単元構想図」によって示すようにしていました。

この「単元構想図」は、指導計画を構造化するものです。これは単元全体を構成する際、子どもの意識を軸に据えるという試みです。予想される子どもの声や考え方の流れ、教師の投げかけなどを配置し、単元を一つのストーリーとして読む解くことができるように努めていました。

こうしたことから、ストーリー展開の是非を考える際にも、「第3時と第4時では子どもの意識がつながっていかないのではないか」「第2時のこの発問は、子どもの意識においては唐突すぎるのではないか」という視点から検証していきます。

また、本時の指導案は（作成するのは授業者にとっては負担だと思いますが）、読み手にとっては、授業をイメージするための大切な手がかりです。

そこでここでは、算数の実践をもとにしながら具体を示していきます。「シャイン共和国の国旗をデザインしよう（面積）」をテーマに掲げた5年生の実践です（**資料1**が「パフォーマンス課題」、**資料2**が「単元構想図」）。

資料1　本実践のパフォーマンス課題

世界の国旗には、それぞれの国の歴史や文化を物語るものが多くあります。今日は、ある国の話を紹介します。

「シャイン共和国」
ある国にシャ族とイン族という2つの部族がいました。2つの部族はどちらが本当に強いのか決める戦いを起こしました。しかし、戦いが続けば続くほど、多くの人の血が流れるばかり。このままではいけないと思ったシャ族の若者ムーンは、人々にこう呼びかけました。「このままでは、シャ族もイン族も滅びてしまう。これからは、2つの部族が協力し合い、平等と自由のもとに新しい国をつくろうではないか。」2つの民族は賛成し、新しいシャイン共和国がつくられたのでした。そして、この国のシンボルとなる旗をつくることになりました。

デザイナーのみなさんに、国王から依頼の文書が届きました。

今回みなさんには、新しい国のシンボルとなる旗を作ってもらいたい。わが国の2つの民族の平等と自由を表すすてきなデザインを考えてほしい。

条件は4つ

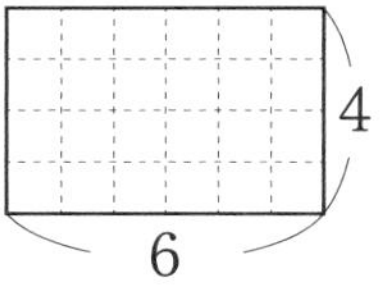

1　シャ族の青色　イン族の黄色の
　2色でデザインすること。
2　色を区切る線は直線であること。
3　青の部分と黄の部分の広さが同じであること。
4　たて4cm　横6cmでデザインすること。

デザイン書には広さが同じであることが、国民みんながわかるように書いていただきたい。すばらしいデザイン書ができあがることを楽しみにしておるぞ。

さぁ、みんなが学習してきたことを使って、デザイン書を書いてください。デザイン書なので、「絵や言葉、図を使って」「読む人に伝わるように」書いてください。

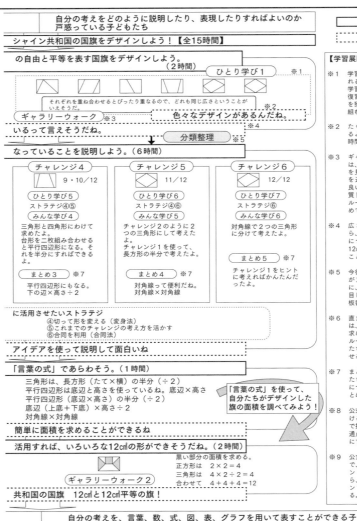

自分の考えをどのように説明したり、表現したりすればよいのか
戸惑っている子どもたち

（実線の枠）教師の発問
（点線の枠）子どもの思い

シャイン共和国の国旗をデザインしよう！【全15時間】

の自由と平等を表す国旗をデザインしよう。
（２時間）

ひとり学び１　※１

それぞれを重ね合わせるとぴったり重なるので、どれも同じ広さということがいえそうだ。

※２

ギャラリーウォーク　※３

色々なデザインがあるんだね。

いるって言えそうだね。　※４

分類整理　※５

なっていることを説明しよう。（６時間）

チャレンジ４

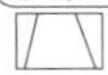

9・10／12

ひとり学び５

ストラテジ④⑤

みんな学び４

三角形と四角形にわけて求めたよ。
台形を二枚組み合わせると平行四辺形になる。それを半分にすればできるよ。

まとめ３　※７

平行四辺形にもなる。
下の辺×高さ÷２

チャレンジ５

11／12

ひとり学び６

ストラテジ④⑥

みんな学び５

チャレンジ２のように２つの三角形にして考えたよ。
チャレンジ１を使って、長方形の半分で考えたよ。

まとめ４　※７

対角線って便利だね。
対角線×対角線

チャレンジ６

12／12

ひとり学び７

ストラテジ⑥

みんな学び６

対角線で２つの三角形に分けて考えたよ。

まとめ５　※７

チャレンジ１をヒントに考えればかんたんだったよ。

に活用させたいストラテジ
④切って形を変える（変身法）
⑤これまでのチャレンジの考え方を活かす
⑥合同を利用（合同法）

アイデアを使って説明して面白いね

「言葉の式」であらわそう。（１時間）

三角形は、長方形（たて×横）の半分（÷２）
平行四辺形は底辺と高さを使っているね。底辺×高さ
平行四辺形（底辺×高さ）の半分（÷２）
底辺（上底＋下底）×高さ÷２
対角線×対角線

「言葉の式」を使って、
自分たちがデザインした
旗の面積を調べてみよう！

簡単に面積を求めることができるね

活用すれば、いろいろな12㎠の形ができそうだね。（２時間）

黒い部分の面積を求める。
正方形は　２×２＝４
三角形は　４×２÷２＝４
合わせて　４＋４＋４＝12

ギャラリーウォーク２

共和国の国旗　12㎠と12㎠平等の旗！

自分の考えを、言葉、数、式、図、表、グラフを用いて表すことができる子

【学習展開上の留意点】

※１　学習の筋道が立てられるように、面積の学習、合同の学習を復習し、ストラテジを獲得してから取り組む。

※２　たくさんの考えが出るように自力解決の時間を保障する。

※３　ギャラリーウォークは、それぞれの考えを見合いメッセージを送る活動である。良い点を書いてから質問を書くなど、ルールをきちんと決めておく。

※４　広さという言葉から、面積という言葉につなげるために、12㎝になればよいことを押さえる。

※５　今後の学習の見通しが立てられるように、旗の中の形に着目し、分類整理して板書をする。

※６　直角三角形の求積は、前時の活動から求めやすいので、グループ学びで子どもたち自身でまとめさせる。

※７　まとめでは、子どもたちの言葉で、公式につながるようなまとめをする。

※８　公式を自分たちで導けるように、まとめで押さえた求積の共通点を活用するようにする。

※９　公式を利用することで、感覚的にデザインしていたものから、論理的にデザインできるようにする。

資料2 本実践の単元構想図

【表現力を育てる手立て】

ひとり学び1
自分の考えをもつために、ストラテジとして「ぴったり重なれば広さが同じ」ことを確認する。また、自分の考えを自覚するために、広さが半分になる理由を自分なりの言葉でワークシートにかかせる。

ギャラリーウォーク
自分の考えや表現のよさや足りないところに気づくために、お互いのワークシートを見合いながら「よさ」メモと「おたずね」メモを交換させる。

ひとり学び2〜8
ノートを考えるためのツールとし、自分の考えを図や絵、数、言葉、式を使って、説明をかかせる。TTでの個別支援で、既習（ストラテジ①〜⑤）と結びつけて考えるように声かけをする。

分類整理
説明の仕方に着目して、デザイン書を分類整理していく。そこで、学習の見通しをもてるようにする。

みんな学び1〜6
自分の考えが友達の考えとどのように関わっているのか視覚的に捉えられるように、意図的な指名、計画的な板書を行う。

まとめ学び1〜5
わかりやすい表現や説明を押さえながら、子どもたちのことばでまとめをする。友達の考え・表現の良さに気づけたふり返りを紹介することで達成感や充実感を味わわせる。

ひとり学び9
「言葉の式」を利用することで、わかりやすく簡単に説明ができるようにする。

ギャラリーウォーク2
自分の考えや表現の足りないところに気づくために、お互いのワークシートを見合いながら「よさ」メモと「おたずね」メモを交換させる。

算数に対して意欲的に取り組む姿がよくみられるが、自分の考えをもつのに悩む子どもたち

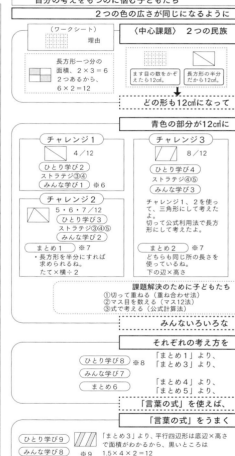

2つの色の広さが同じになるように

（ワークシート） 理由

〈中心課題〉 2つの民族

長方形一つ分の面積、2×3＝6
2つあるから、
6×2＝12

ます目の数をかぞえたら12㎠。

長方形の半分だから12㎠。

どの形も12㎠になって

青色の部分が12㎠に

チャレンジ1
4／12
ひとり学び2
ストラテジ③④
みんな学び1 ※6

チャレンジ2
5・6・7／12
ひとり学び3
ストラテジ③④⑤
みんな学び2

まとめ1 ※7
・長方形を半分にすれば求められるね。
たて×横÷2

チャレンジ3
8／12
ひとり学び4
ストラテジ④⑤
みんな学び3

チャレンジ1、2を使って、三角形にして考えたよ。
切って公式利用法で長方形にして考えたよ。

まとめ2 ※7
どちらも同じ所の長さを使っているね。
下の辺×高さ

課題解決のために子どもたち
①切って重ねる（重ね合わせ法）
②マス目を数える（マス12法）
③式で考える（公式計算法）

みんないろいろな

それぞれの考え方を

ひとり学び8 ※8
みんな学び7
まとめ6

「まとめ1」より、
「まとめ3」より、
「まとめ4」より、
「まとめ5」より、

「言葉の式」を使えば、

「言葉の式」をうまく

ひとり学び9
みんな学び8
※9

「まとめ3」より、平行四辺形は底辺×高さで面積がわかるから、黒いところは
1.5×4×2＝12

できあがり！ シャイン

見通しをもち、筋道を立てて自分の考えをもつことができる子

この実践は、「算数実践に取り組みたい」という20代の若手教師の申し出を受け、単元全体を構想するところから一緒に考えたものです。なお、実施年は２０１２年であるため、２０１０年に改訂された学習指導要領に基づいています。現行とは「内容」が異なる点をご承知おきください。

さて、授業者は、既習である「合同」の考え方を復習しつつ、面積が等しい色で構成された国旗（本実践では学級旗）を作成することを通して、「考え、表現する力を育む」ことを意図していました。そこで、「単元構想図」の一番上には単元に入るときの子どもの姿、一番下には、子どもに育てたい力を示しています。単元そのものは、４つの小単元で構成しており、各小単元の入り口と出口がつながるように工夫しています。

中心の枠に書かれた言葉をつなげると、本単元は次のストーリーを通して面積の求め方を身につけていくことができるようにする展開が見て取れます。

「２つの色の広さが同じになるようにシャイン共和国の国旗をデザインしよう！」

←

「２つの民族の自由と平等を表す国旗をデザインしよう」

←

「どの形も12㎠になっているっていえそうだね」
←
「青色の部分が12㎠になっていることを説明しよう」
←
「みんないろいろいろいろなアイデアを生かして説明していておもしろいね」
←
「それぞれの考え方を『言葉の式』であらわそう」
←
「『言葉の式』を使えば、簡単に面積をもとめることができるね」
←
「『言葉の式』をうまく活用すれば、いろいろな12㎠の形ができそうだね」
←
「できあがり！シャイン共和国の国旗　12㎠と12㎠平等の旗！」

単元の最後では、学級旗を作成します。いずれも子どもたちがデザインしたものですが、青と黄色の面積は同じなので、一見バラバラのようでいて絶妙なバランスの取れた

資料3　シャイン共和国の国旗

デザインに仕上がりました（資料3）。

ところで、なぜシャイン共和国であったり、勇者ムーンだったりしたのでしょうか。それはこの学級に由来します。シャインは学級訓、ムーンは5年月組だったからです。つまり、クラスの子どもたちを登場人物に見立てて実践内容を構成していたのです。こうしたアイディアのほとんどは授業者の発案でした。

本番の授業では、子ども一人一人を見取り、丁寧にノート指導を行いながら進めていました。子どもたちも、言葉や図、式など使って自分の考え方を算数ノートにまとめ、クラスメイトに伝える活動に熱中していました。

その結果、子どもたちは、面積の求め方を学ぶだけでなく、友達の考えを認め、生かしながら自分の考えを深めて表現するという学習になっていきました。

「子どもたちは熱心に取り組んでいるか」という授業の善し悪しを決める評価規準をクリアしようとする若い教師のエネルギーと、それに呼応するかのように学ぶ子どもたちのエネルギーが化学変化を起こすような授業でした。

もちろん細かく見れば、不十分な点をいくつも挙げることはできます。10年も前の実践ですから、物足りなさを感じる方もいるかもしれません。そうした点を考慮に入れても、「授業を創造するとはどういうことか」を感じさせてくれる実践です。

いま、このときも、現場ではすぐれた実践が生まれていることでしょう。私自身、大学に勤めるようにはなったものの、小学校や中学校に足を運べば、実践と真摯に向き合う教師、学習に夢中になって取り組む子どもたち、彼らの息遣いが満ちた教室、そんな宝物を目の当たりにすることができます。

おそらく令和6年度ごろには、次の学習指導要領をどうするか、議論の方向性（たとえば、中央教育審議会への諮問文など）が公になるものと思われます。そうすれば、すでに世に出ている「個別最適な学び」「協働的な学び」以外にも、新しいキーワードがいくつも打ち出されるかもしれません。

そうしたとき、「自分一人取り残されたくはない」とばかりに飛びつくのか、それともいったんクールダウンして「それは本当に新しいことなのか」「すでにある考え方や方法に、新しい言葉を当てはめているだけではないのか」といった視点から吟味するかで、教師である自分、目の前にいる子どもたち、同じ職場で働く同僚との関係性がおのずと変わってくるように思います。

そうは言っても、大量の情報が飛び交う時代です。耳を塞いでいても入ってくる情報も少なくありません。そうしたなかで、仲間と切磋琢磨しながら授業を創造する難易度は増しているのかもしれません。

しかしだからこそ（流行という名の風見鶏がどこを向いていようとも）、いま・この瞬間の現場の教師たちの実践に光を照らしていきたいのです。同僚たちとつくりあげるその学校の教育、子どもたちの姿について語り合いたいのです。

その先にきっと、私たち教育者がけっして見失ってはならないものとはなにかを知ることができると私は信じています。

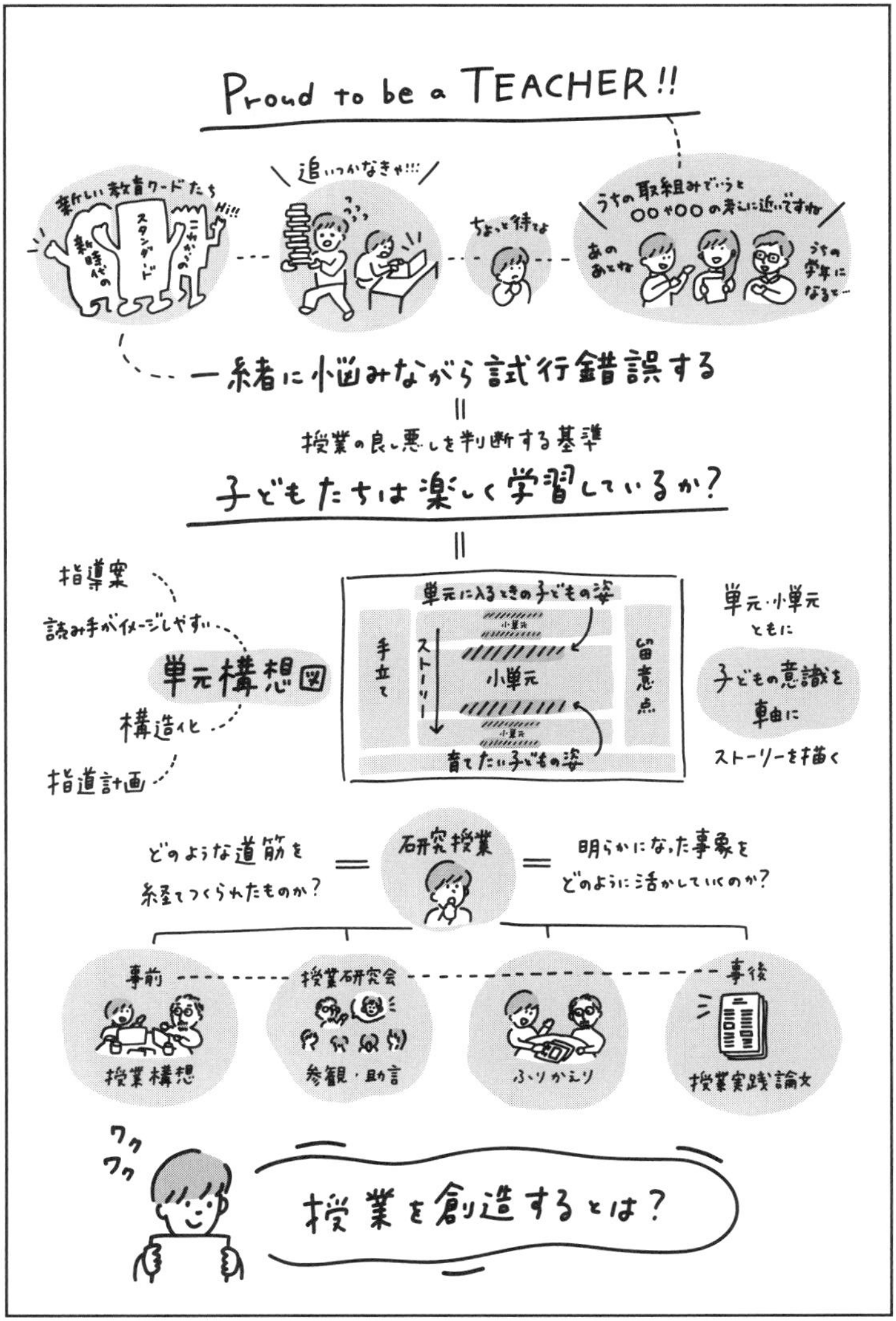
Proud to be a TEACHER!!
新しい教育ワードたち
新時代の
スタンダード
これからの
Hi!!
追いつかなきゃ!!!
ちょっと待てよ
うちの取組みでいうと
○○や○○の考えに近いですね
あのおとな
うちの学年になると…
一緒に悩みながら試行錯誤する
＝
授業の良し悪しを判断する基準
子どもたちは楽しく学習しているか？
＝
指導案
読み手がイメージしやすい
単元構想図
構造化
指導計画
単元に入るときの子どもの姿
手立て
ストーリー
小単元
小単元
小単元
留意点
育てたい子どもの姿
単元・小単元ともに
子どもの意識を軸に
ストーリーを描く
どのような道筋を経てつくられたものか？
研究授業
明らかになった事象をどのように活かしていくのか？
事前
授業構想
授業研究会
参観・助言
ふりかえり
事後
授業実践論文
ワクワク
授業を創造するとは？

ふるさと写真展

まず、左の写真をご覧ください。どんな光景が映し出されているでしょうか？

「野原？」

「左側には高架線？」

「真ん中当たりに、ミニゲーム用のゴールみたいなものが見える。公園かな？」

「右手には住宅が建ち並んでいるけど、こんなさびれた場所に訪れるのだろうか」

「すごく殺風景だ」

それでは、だれがどんな目的で撮影した写真なのでしょうか。

町のよさをアピールするために、観光課の人が撮影したのでしょうか？

「とてもそうは思えないのだけど…」

「もしかして、ここに新しくマンションを建てる調査をするために、業者が撮影したのではないか？」

いろいろに推測することはできると思いますが、いずれにしても、特筆すべきなにものも映っていないように見える写真です。

実はコレ、ある授業実践で子どもが撮影した写真です。

子どもの目に映る「ふるさと」はどんな姿をしているのか。大人が思い描くものとなにか違ったものになるのだとしたら、それはどのようなものか。そんなことが知りたくて実践したのが、「ふるさと写真展」でした。

この子どもが撮ったのは人気のない公園です。近隣の人たちにとっては、気に留められることのない場所だろうと思います。たとえ、この場所を他の町の人たちに紹介したところで、訪れてみたいと思う酔狂な人は、おそらくいないでしょう。

でも、この子どもは、何枚も撮影した風景から、この１枚を選び抜き、大きく引き伸ばし、「ふるさと写真展」に展示する作品としました。この写真の下には、こんな言葉が添えられています。

古っぽいの
きたないの
サビてるの
さみしいの
遊具が少ないの
でも
なぜか来たく
なる場所

この写真展は、総合的な学習の時間に行った5年生の子どもたちによる活動です。

地域の文化会館を借りて行った研究発表会では、子どもたちが受付をし、訪れた人たちに「ふるさと写真展」についての趣旨説明を行い、お茶を出して接待しました。保護者のみならず、地域の方、他校の先生方、他の町からも多くの人が訪れました。

そんな人たちの一人が、アンケートで次のように綴っていました。

地域の名所の紹介でもない、目を見張るような風景でもない。子どもたちの周りにある何気ない風景。けれども、いや、だからこそ、それに添えた子どもたちの言葉は、その作品を観た者の心を動かす。

「心が洗われた」

「私たちの周りにはすてきなものがいっぱい」

子どもたちが切り取った風景が、忙しく動き回る大人たちをふっと立ち止まらせる。本当に大切なものは、私たちのすぐ隣にある。そんなことを私たちに気づかせてくれるようだ。

私たち大人もまた、かつて子どもでした。子ども時代に遊びまわった家の近所、学校へ通った道。そこには、さまざまな発見や気づきがあったはずです。土や草のにおい、一緒に帰る仲間を照らし出す夕日、角を曲がったところにある駄菓子屋さん。それぞれに、それぞれの子ども時代があり、子どもの身体がそこにあるもののにおい、音、光を感じ取っていました。そんなふうにふるさとを見ていたはずです。

しかし、大人になるとどうしたわけか、「最近、大きなショッピングモールができた」だとか、「地元の友達の多くはみんな都会に行ってしまった」だとか、話題にする事柄もふるさとの姿も（子ども時代に感じたものとは）すっかり変わっていることでしょう。

しかし、かつて感じたものをなくしてしまったわけではないと思います。家族との他愛のない会話や夕げのにおいなど、ちょっとしたきっかけで、ふいに思い出されるもの、普段は意識の奥底にそっと仕舞われているもの、それがふるさとなのではないかと私は思います。

学校ではどうでしょう。たとえば道徳の授業などで「みなさんが考えるふるさととはどのようなものですか？」などと問うたとき、子どもたちはどんな発言をしてくれるでしょうか。

もし、大人である教師のイメージをトレースするかのような、言わばステレオタイプなイメージが語られるとしたら？　教師のほうも〝自分と同じようなイメージをもっているのだな〟と思い違いをしてしまうとしたら？

やがて子どもたちは、自分の身体で感じ取っているはずのふるさとを脇に追いやって、大人の考えに近づこうと、自分のなかにあるはずのふるさとの姿を書き替えてしまうかもしれません。

しかし、子どもたちの描き出す世界は本来、豊かで、私たちの想像を超えて、深いものであるはずです。

左の写真をご覧ください。

このおばさんの笑顔は、どのようにして生まれたのでしょうか。いつも笑顔の絶えない明るい性格の方だからでしょうか。どうもそういうわけではないようです。

毎朝の通学路、「おはようございます」と声をかけ、「おはようございます」と返してもらえる。そうした日常によってもたらされた、おばさんとの関係性によって生まれた笑顔です。だからこの子は、「ふるさと写真展に出展するんだったら、このおばさんだ」と思いついたのです。

写真の下には、次の言葉が添えられています。

我らがおばさん
我らが緑のおばさん
おばさん!!
あなたから
いつも　ぼくは
めっちゃ元気を
もらってます

この「我らが」という言葉

が、この子どもの、いえ、この道を歩いて通うすべての子どもたちの暮らす世界におばさんを誘《いざな》います。おばさんは、子どもたちの仲間なのです。だから、おばさんにこの言葉を贈るのです。「めっちゃ元気をもらってます」。

子どもらしい発想から生まれる、子ども世界の言葉です。こうした作品に出合うたびに、〝大人の考える教育という営みは、場合によっては豊かな子ども世界を壊してしまっていることもあるのかもしれない〟とさえ思うことがあります。

一見すると、いったいだれが、なんの目的で撮影したのかもわからない写真群。でも、添えられた言葉を読めば、観る者をうならせる。ときには〝あぁ〟という言葉とともに、ため息が漏れる。「ふるさと写真展」に出展された作品は、いずれもその子自身の内にあるふるさとの姿が表現されていました。

子どもたちが暮らす世界は、豊かで、深い。だからこそ私たち大人は、たった一つのものさしで子どもをとらえてはいけないのだと思います。〝以前もこうだったから、今度だって…〟と過去の出来事をはめ込んでもいけないのだと思います。常に新しく、やわらかなまなざしで、一人一人の子どもをとらえようとすることが大切なのです。

子どもにとってふるさととはなにか。この問いは、「子どもの世界をどうとらえるか」という教師自身のまなざしと深く結びついているのだと私は思います。

あなたにとって、ふるさととは何だろうか
それをとらえるための"教師のまなざし"が大切
＝
子どもたちの暮らす世界の豊かさ・深さ
＝
名所でもなく、目を見張る風景でもない、のに（から）
作品を観た者の心を動かす
まわりには素敵なものがいっぱい!!
忙しく動き回る大人たち
子どものふるさと観
実践
ふるさと写真展
インスタントカメラ
好きな場所を撮影
写真に言葉をのせる
地域で展示
5年生
総合的な学習の時間
子どもの目にどう見えるのだろう？
＝
ふるさと
フルサト
furusato
ふるさと
ふるさと
FURUSATO
ふるさと
フルサト
furusato
＝
大人が考えることと違うのだろうか？
違うとしたらどう違うのだろうか？
子どもにとってのふるさととは？

サツマイモづくり

かつて勤務した田舎町の小さな学校には畑がありました。日当たりといい、広さといい申し分がない畑です。おまけに、その脇には豊川用水路の取水口があり、自由に使うことができました。

5月、PTAの方に手伝ってもらって（といっても、ほとんどやってもらったのですが）、畝を18本立てました。720本ものサツマイモのつるも用意しました。

各学年1クラス、全校児童数150名弱の小さな学校でしたから、畝にしろ、つるにしろ、十分すぎるほどの量です。畑は地域の人から借りていたものだったし、つるは農協から無償で提供してもらったものでした。理由はいずれも、「学校のためだから」。まさに、地域に支えられる学校でした。

毎年、この広い広い畑で、子どもたちはサツマイモづくりに取り組みました。ある年は、一般的なマルチ（ビニールシートやポリエチレンフィルム）を使わずに、干し草をマルチ代わりにするチャレンジをしました（保護者の方から「草マルチもできるよ」と助言してもらいました）。

地域の人たちにお願いすると、草刈りをして出たたくさんの草をもらうことができました。さっそく子どもたちと敷き詰めてみたのですが足りません。そこで今度は、近所のイチゴハウスの方にお願いしたところ、切り取ってカリカリに乾いたイチゴの葉や茎をもらえることになりました（そこには「いちごおばさん」というすてきな方がいました）。

子どもたちとリアカーを引いて何杯も畑に運び込み、ようやく草マルチの完成です。乾いた茎には売り物にならない小さなイチゴがたくさんついていて、一人の子どもが「きっとイチゴ味のサツマイモができるね」と言いました。クスクス笑う声があちこちから聞こえてきました。

実はこの草マルチ、アイデアはたいへんおもしろかったのですが、とんでもなく扱いがむずかしい方法でした。余分な草を取っても取っても伸びてくるのです。最初のうちは子どもたちに任せていましたが、それだけではとても追いつきません。そこで、その年、担任をもっていなかった私は、麦わら帽子をかぶり、長靴を履き、腰ふり（エンジン草刈り機）を手に、ぶんぶんと草を刈るのが日課になりました。

そうしていてもなお、草はどんどん伸びてきます。イモのつるのほうも伸びてきます。しまいには、草マルチを刈っているのか芋のツルを刈っているのかわからないほどでした。そのようにして、その年の夏は、炎天下のなか子どもたちも私たちも、汗をびっしょりかきながら、草取りと格闘する日々を送ったのでした。

ところでこの腰ふり、本当によく使いました。運動場でも草は容赦なく伸びるので大活躍です。異動先の学校でも使っていました。自分で言うのもなんなのですが、ずいぶん上達したと思います。教師人生を振り返るとき、真っ先に思い出されるアイテムの一つです。

それはさておき、畑の土がよかったからか、毎年たくさんのお芋を収穫することができました。学年で2畝以上ずつあったのですが、1クラス20人ほどなので、掘り切れないほどです。収穫したお芋を並べると、空き教室の床が埋まってしまいました。

11月になると、長寿会の方に手伝ってもらって「焼き芋会」を行います。最初のころはトタンの上に落ち葉を敷いて焼いていたのですが、年を重ねるごとにバージョンアップしていきます。長寿会の方々の心意気です。最終的には、かまぼこ型に切った自作のドラム缶型焼き芋器を使って焼いたのですが、これが実に美味しくできあがります。

子どもたちも焼き芋づくりにチャレンジです。ぬらした新聞紙の上からアルミホイルで包んだ芋をドラム缶型焼き芋器に入れます。焼きあがるまでは、長寿会のみなさんとのふれ合いタイムです。花いちもんめやら、だるまさんがころんだやら、ハンカチ落としやらに興じていました。晴れ渡った秋空の下、なんとも言えない素敵な時間でした。

こんがり焼きあがったら、いよいよみんなで食べる時間です。大きなブルーシートに座って食べる焼き芋の美味しいことといったらありません。ホクホク、アッチアチ、家やお店では味わうことのできない味です。こんなおいしい焼き芋を（いろいろな人たちに手助けしてもらいながら）自分たちでつくって食べられるのだから、なんて幸せな子どもたちだろうと思います。そんな光景を見られる私たち教師も幸せです。

その後も、お芋の実践はつづきます。学習発表会の日には収穫したお芋を売ることにしました。最初は子どもたちに売ってもらおうと考えていたのですが、学習発表会への対応で子どもたちは大忙しのはずです。

そこで、校内に無人販売所をつくろうと話をしていたのですが、それを聞きつけた保護者が販売を請け負ってくれました。芋の種分けから店づくり、値段の算段までつけてくれて、当日には完売。〝お見事！〟としか言いようがありません。

お芋の販売はとどまりません。その地域で有名な大イチョウの下の広場がウォークラリーのチェックポイントになるということで、そこでも販売することにしました。長寿会の方と地域の人、保護者たちに手助けしてもらいながら、6年生の子どもたちが芋を焼いて売ったところ、ウォークラリーに参加した人たちからも、参観していた人たちからも大好評でした。

さて、こうしたエピソードを読んで、みなさんはどのように感じるでしょうか。〝とても素敵な実践だと思う〟と感じた方もいるでしょう。〝たいへんすぎるし、自分の学校ではとてもできない〟と感じた方もいるでしょう。〝そもそも、うちの学校は都心のど真ん中。畑なんて用意できるはずもない〟と。

確かに、そう考えるのは自然なことです。でも、それでいいのだと思います。都会の学校、山の学校、島の学校、本当にさまざまな場所にあるのが学校で、地域性も異なれば学校の規模も異なります。

しかし、それらを裏返せば、その学校・その地域ならではの個性だと私は思うのです。そうした個性をどう生かしたら子どもたちの教育活動に寄与するか、そのような視点からおのおの考えることこそ大事だと思います。

それに、どの学校も同じことしかしていないのだとしたら、つまらないじゃないですか。地域あってこその学校である以上、さまざまなアプローチの仕方があっていいはずです。

地域に住む人たち、子どもたち、教師たちがともに知恵を出し合い、どんなことができそうかと考え合う。まさに、カリキュラム・マネジメントの一側面である「教育内容と、教育活動に必要な人的・物的資源等を、地域等の外部の資源も含めて活用しながら効果的に組み合わせること」にほかなりません。

ただそうは言っても、行い難し。いままでやったことがない実践を、しかも保護者や地域をも巻き込んでつくり出すのは容易なことではありません。

しかし、だからといって（だれかから文句を言われないように）実績のある実践を借りてくるだけでは、〝やれるだけはとにかくやった。でも、なんのためにやったんだろう〟などと徒労感が募る実践になってしまうこともあります。借り物の実践には、その学校の個性、その地域の個性が欠けているからです。

私は、高齢化と過疎化をどうにも止められなくなってしまった地域の学校に勤めていたことがあります。自然豊かで、そこに住む人たちも興味深い地域でしたが、ひとつ、またひとつと学校が統合され、やがてすべての学校が廃校になってしまいました。

本当に寂しくてやりきれない気持ちを抱えたまま、私は廃校になった学校を巡って写真に収めました。ファインダーの向こうには、子どもたちを育んでくれた日本の原風景ともいえる木造の学び舎がありました。

時代の変化とともに学校のあり方も様式も姿も変わっていきます。それ自体は自然なことであり、昔のほうがよかったなどと言いたいわけではありません。ただ、安易に新しいものに飛びつくばかりでは、本当に大切にすべきものが失われていくことに、私たちは気づけなくなるのではないか。そんなふうにも思えるのです。

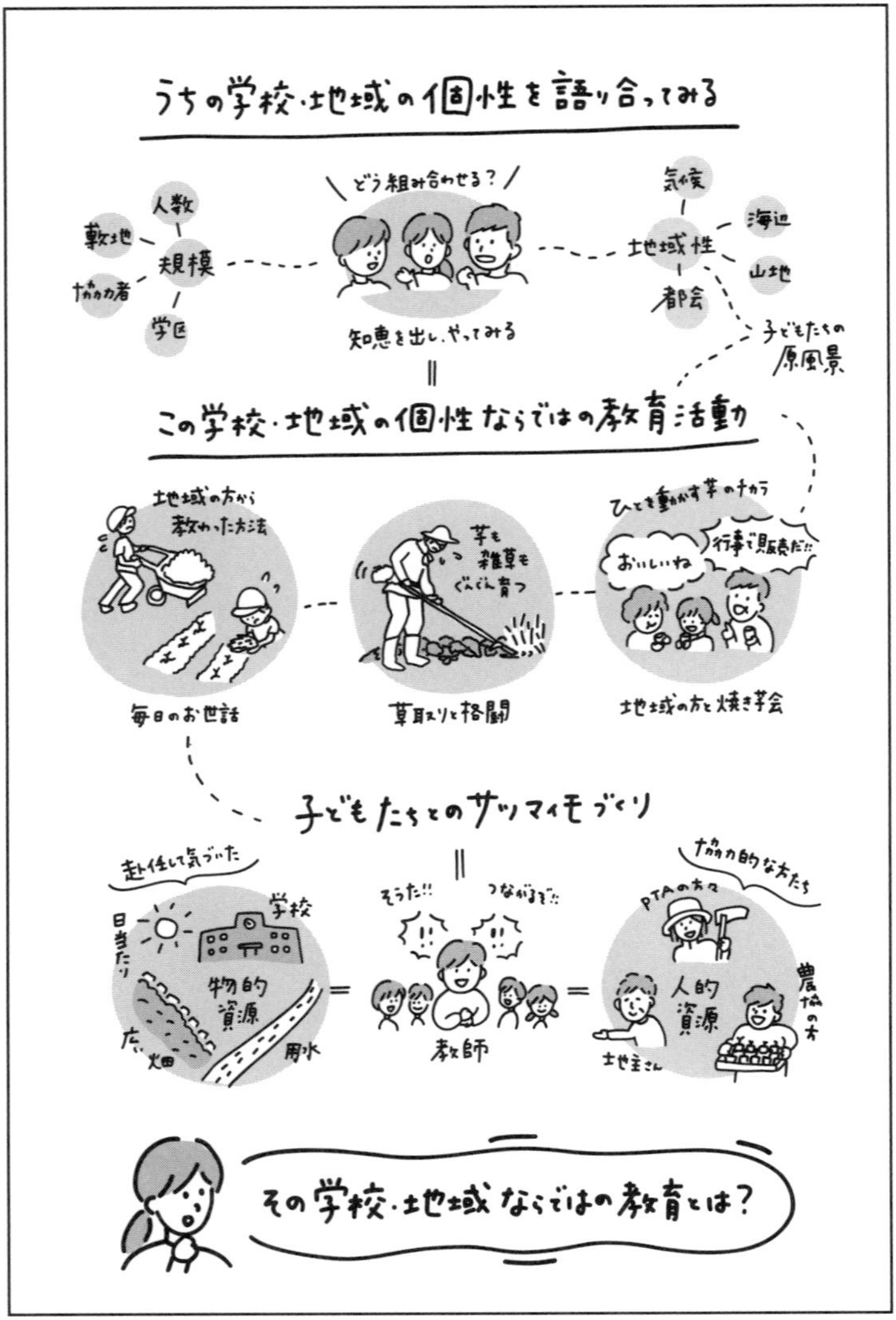
うちの学校・地域の個性を語り合ってみる
どう組み合わせる？
人数
敷地
規模
協力者
学区
知恵を出し、やってみる
気候
海辺
地域性
山地
都会
子どもたちの原風景
この学校・地域の個性ならではの教育活動
地域の方から教わった方法
毎日のお世話
芋も雑草もぐんぐん育つ
草取りと格闘
ひとを動かす芋のチカラ
おいしいね
行事で販売だ!!
地域の方と焼き芋会
子どもたちとのサツマイモづくり
赴任して気づいた
日当たり
学校
物的資源
広い畑
用水
そうだ!!
つながるぞ!!
教師
協力的な方たち
PTAの方々
人的資源
地主さん
農協の方
その学校・地域ならではの教育とは？

第２章

教師論

学びの文化の苗床

教育現場では、定期的に「新しい言葉」が舞い降りてきます。個別最適な学びと協働的な学び、資質・能力、ICT活用、プログラミング教育、SDGsなど、次々と降り積もっていきます。

教師はいたってまじめです。こうした新しい言葉を耳にすると、（特に研究主任を中心として）研修を受ける、関連する書籍を読む、少しでも知っていそうな他校の仲間に聞く、ネットでも調べてみる。そんなふうにして自分なりに理解しようとします。

それに対して私は、少しばかり不真面目な教師です。それでも、〝多少は知っておかなくちゃな〟と思って書店を訪れることもあります。

『デジタルトランスフォーメーションで授業が変わる』『SDGsの基礎・基本』などなど、教育書コーナーには、「新しい言葉」を扱った書籍が所狭しと並べられています。その光景を目にするうちにだんだんと冷や汗が滲み、しまいにはめまいまで襲ってきて、結局は家に帰りたくなってしまうのです。

そんなとき、私の脳裏に次の「問い」が浮かびます。

教師が学ぶって、いったいどういうことなのだろう。

私自身もかつて、「新しい言葉」を目にするたびに、「自分もなにかしなければ！」と危機感を募らせ、躍起になって自分が学んだことをアウトプットしようとしていた時期があります。だけど、なぜだか空まわり。

自分自身のなかでは知識と経験がリンクしていて、確かな文脈を形成しているはずだし、自分がなぜアクションを起こしているのか、理由なども丁寧に説明するのだけど、思うように伝わりません。実のところ、自分でもしっくりいかないと感じることが多かったのです。

このとき、私は自覚しました。先駆的なイノベーターとなって周囲に刺激を与えながら変革していくような人にはなれないし、そういうやり方は、そもそも私には合っていないいいんだなと。

たとえ不器用であっても愚直に、先生方と切磋琢磨し合いたい。その思いを再確認できたとき、自分が学んだことを周囲の人たちに教えてあげようという姿勢ではダメなんだと気づきました。

それからずいぶん経って、ワールドカフェに出合います。私の実践は運よく著名な先生方の目に留まり、やがてラウンド・スタディというスタイルに昇華します。このとき、私はようやく周囲の人たちと切磋琢磨し合える手札を手に入れることができたのです。ラウンド・スタディは、「自分ががんばることで…」ではなく、「みんなで知恵を出し合うことで…」個々の知識や力量をボトムアップしていく手法です（ラウンド・スタディの考え方や方法については、別の項で詳述します）。

つい先日も、はじめて訪れた学校の校内研修でラウンド・スタディを行いました。これまで何度となく体感してきたことですが、偉い講師の先生を招かなくても、心理的安全性の高い場をつくることさえできれば、みんなで声を出し合って対話し、ときに笑顔で、ときに考え込みながら、互いの考えを受け止め合い、認め合い、実りのある研修にしていけることを目の当たりにしたのでした。

そんな私がいま一番感じていること。それは、その学校の学びの文化を第一に考えるということです。

講師として学校の研究にかかわる際、校内研修の場などで私は「以前、ある学校でうまくいったことなのだけど、こんな考え方や方法もあるよ」などと、つい野暮な助言をしてしまいそうになることもあります。少しばかりの経験や知識が頭をもたげてくるのです。

実際に伝えてみたら、なにかの役に立つかもしれません。しかし、長い目で見たら、けっしてうまくいかないのです。この地域にある、この学校に合う実践は、この場にしかあり得ないからです。

大切なことは、その学校の先生方が、その学校にとっての学びの文化を構築していくことです。それに対して、助言者や研究者などの外部の人は、先生方の取組を支えるのが仕事なのです。

さて、その日の校内研修は、研究主任の次の言葉で締めくくられました。

「これからどんなふうに教育活動を充実していけばよいか、うちの学校のみんなでつくっていきましょう。そのために『こうしたらいい』とかアイディアが浮かんだら、推進委員の人に教えてくださいね！」

このとき、（先生方にもっともらしいなにかを授ける）助言者としてではなく、先生方自身の力で学校の学びの文化をつくる支援者として、いま私がここにいるんだと改めて強く意識しました。

さて、冒頭で挙げた「問い」に対する私なりのアンサーが次のアプローチです。

●現状に甘んじることなく、問題提起する。
●周りの人たちに敬意をもち、相互のかかわりを通して切磋琢磨し合う。
●その学校の学びの文化は、その学校の先生方の力でつくり上げる。

現在の学習指導要領が告示されて以降、教育現場では「主体的・対話的で深い学び」が研究テーマとして掲げられてきました。現在は、「個別最適な学びと協働的な学び」に注目が集まっています。これらはいずれも、子どもたちの学びをよりよくするための授業改善の視点であり、教師として重視すべき事柄だと思います。

ただ私は、「その一方で」とも思うのです。こうしたフレーズが前面に出るほどに、見えにくくなってしまう事柄があるからです。それが「批判的な考察」です。

教師の側の学びを考える際、どうしても外せないのがこの考察です。いくら周りの人たちとの協働が必要だと言っても、「どんな考えにも価値がある」「みんな違ってみんないい」とお互いに耳障りのよいことばかり言い合っていても、肝心の「では、本当のところ自分はどうすべきか」が見えてきません。多面的にとらえ、批判的に考察するからこそ「現状に甘んじることなく、問題提起する」ことができるのであり、そうであってこそ本当に必要な自分自身の「問い」を獲得できるのです。

これは、これまで積み上げてきたことを疎んじたり、排除したり、捨て去ったりする考察ではありません。本当に必要な事柄を価値づけ、建設的な一歩を進めていくための考察です。そのためには、相手や対象のこと、これまで積み上げてきたことなどを理解しようとする姿勢をもつことが前提となります。

自分の内に秘めている文化を押しつけるのではなく、それぞれがもつ文化を受け入れながら、「どうすれば自分自身の文化とつなげていけるか、あるいは逆に他者の文化につなげていけるか」「そこからなにを生み出していけるか」を模索することが、教師としての自分自身の学びをよりよくする礎となります。

これから先もたくさんの「新しい言葉」が舞い降りてくるでしょう。けれど、そのたびに怯む必要はありません。教師として積み上げてきた幾多の経験をよりどころとして、「本当にこのままでよいのか」「なにか改善できることはないか」と普段の自分とは少し距離をとって、批判的に考察すればよいのです。

さらに言うと、批判的な考察の対象（これまでの自分自身の積み上げ）の厚みがあるほど、その先の一歩はより確かなものになります。ただし、一人きりで考察を行う限り、得られるものも半減します。

ここに、同じ学校の仲間と授業を見合うことの重要性があります。他者の授業を通して子どもの姿を目の当たりにし、子どもの姿を通して仲間と語り合うことで批判的考察を深め、教師としてありたい自分像を描き出していく。これに勝るものはありません。

授業とは、子どもの文化（子どもたちの経験や実態）と、教師の文化（指導内容や指導方法）とをいかにつなげるかという試みでもあります。どちらか一方に偏ってしまえば、授業も歪《いびつ》になります。先んずべきは、子どもの文化を尊重すること（自ら知ろうと歩み寄り、受容すること）です。

ここでは授業を例に挙げましたが、教育という営みそのものが、自分とは異なる文化に敬意をもちつつ、解釈し、自分の文化とをつなげ、新しいなにかを生み出していくことです。そのように働きかけていくのが教師の仕事だと私は思います。

裏を返せば、子どもの文化を教師の文化に染め上げる（教師がもっていることを子どもに注入する）ことが、私たちの仕事ではけっしてないということです。どれだけ巧みに話をする技術をもっていようと、どれだけ幅広い知識をもっていようと、「周囲の人たちへの敬意」と「子ども文化への敬意」なくしては、学校教育は成立し得ないのです。授業だってうまくいくわけはなく、子どもと心を通わせることも叶わないでしょう。

「この学校の学びの文化をつくっていく一人として学んでいきたい」という思いをもって赴任してきた教師は、着任した日からその学校の教育の担い手となります。そう考える私には苦い思い出があります。「前の学校では…」が口ぐせだった私は、「ここは、前の学校ではないよ」と先輩の先生から諭されて、ようやく認識を改めることができました。

かつて体験したことや学んだことがどれだけ素晴らしかったとしても、それがこの学校の学びの文化をよりよいものにするものでない限り（そう周囲の先生方から受け止められない限り）、ただの不協和音となってしまうのです。

この地域の、この学校に必要な実践は、この場にしかない。

そんな実践をつくるには、自分たちが築き上げてきたことを捨て去るのではなく、その学校の学びの文化に新たなアクセントを与えられるよう、周囲の人たちとともに知恵を出し合っていくほかないのです。

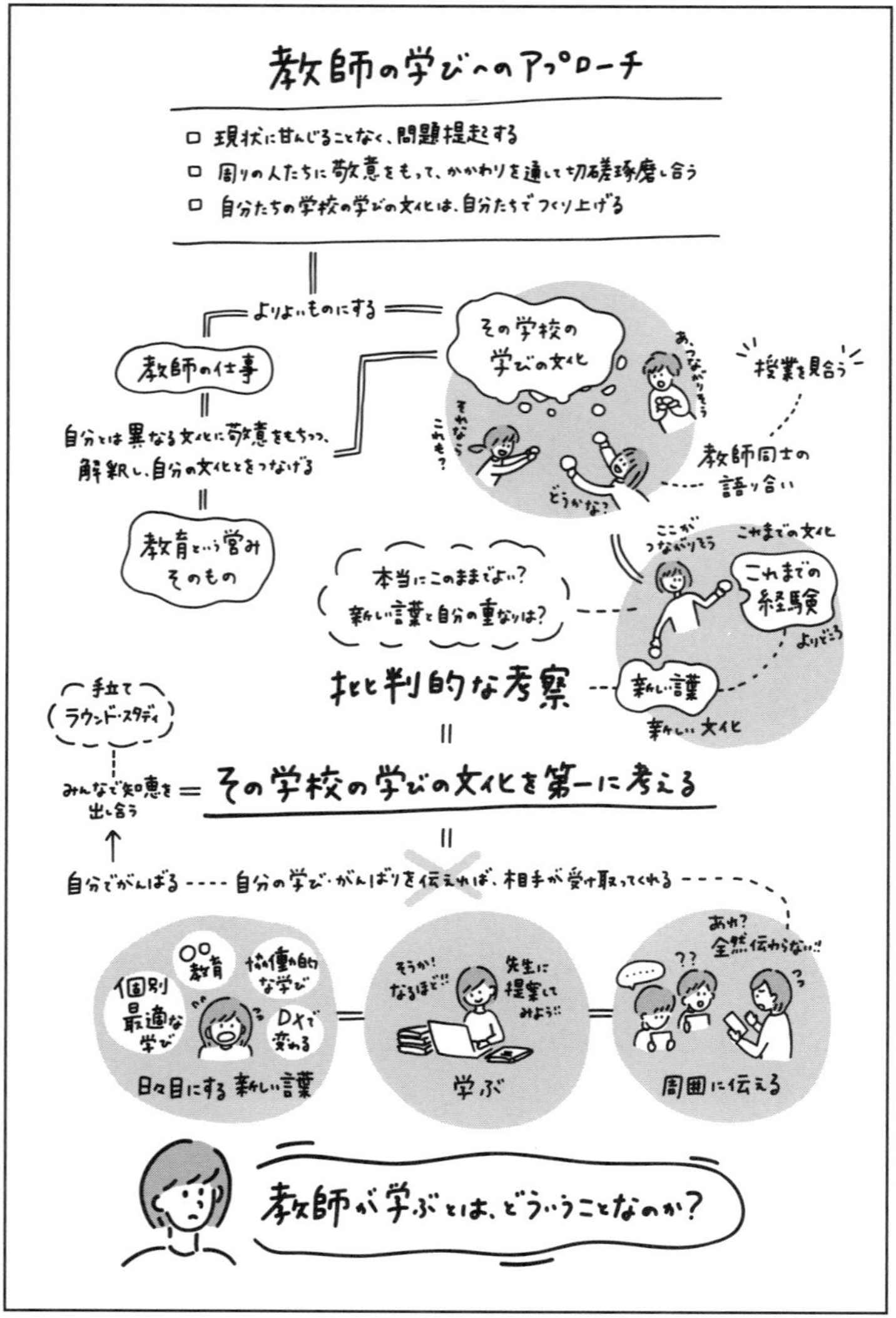

教師の学びへのアプローチ
□ 現状に甘んじることなく、問題提起する
□ 周りの人たちに敬意をもって、かかわりを通して切磋琢磨し合う
□ 自分たちの学校の学びの文化は、自分たちでつくり上げる
よりよいものにする
教師の仕事
自分とは異なる文化に敬意をもちつつ、解釈し、自分の文化とをつなげる
教育という営みそのもの
その学校の学びの文化
あ、つながりそう
それならこれも？
どうかな？
授業を見合う
教師同士の語り合い
ここがつながりそう
これまでの文化
これまでの経験
よりどころ
本当にこのままでよい？
新しい言葉と自分の重なりは？
批判的な考察
新しい言葉
新しい文化
手立て
ラウンド・スタディ
みんなで知恵を出し合う
その学校の学びの文化を第一に考える
自分でがんばる
自分の学び・がんばりを伝えれば、相手が受け取ってくれる
〇〇教育
協働的な学び
個別最適な学び
DXで変わる
日々目にする新しい言葉
そうか！なるほど!!
先生に提案してみよう!!
学ぶ
あれ？全然伝わらない!!
周囲に伝える
教師が学ぶとは、どういうことなのか？

「学ぶ」楽しさ

40代のころ、鳴門教育大学大学院で2年間、内地留学する幸運に恵まれました。同じ志をもった年齢の近い仲間たちと、食事をしているときも、移動する車中でも、大いに教育論を交わしたものです。

イギリスの小学校に数日間滞在したときには、子どもたちと一緒に授業を受けたり、教えたりしたこともあります。たいして英語をしゃべれなくても、算数なら割と教えられることを知りました。

また、英語と日本語を交えて仲間と一緒に『八郎』の読み聞かせをしてみたところ、イギリスの子どもたちは、私が読む絵本の秋田弁をとてもおもしろがっていました。オノマトペや言葉の抑揚が、彼らには聞きなれない、ユニークなものだったようです。

大学院生活の後半は、高知の山奥の小さな学校にお世話になりました。6年生8名と延べ8日間かけて、坂本龍馬脱藩の道のり（高知市内の龍馬生誕の地から龍馬が船に乗って京都に向かった愛媛の長浜までの186キロ）を一緒に歩き通しました。

雨の降りしきる山道を、ただ黙々と歩く子どもたちの後ろ姿を見ていると、なんとも言えない気持ちが湧きあがってきました（子どもたちの挑戦は第3章で詳述します）。固有性、一回性に彩られたこの実践を、私は、修士論文にまとめました。

一人の学生という立場に戻って得たさまざまな体験は、新しいものやできごとに出合う感動、自ら探究する魅力を存分に感じることができたのでした。恥ずかしながら、いずれも大学生時代には感じなかったことです。

このとき、もうひとつ気づいたことがあります。それは、自分が求めさえすれば、いつでも、いくつになっても「学ぶ」楽しさを味わえるということです。言葉にすれば、とても当たり前のことなのですが、とても大切な真理のひとつを知り得たように感じました。

そんなあるとき、上田閑照の『私とは何か』（岩波書店、2000年）という本と出合いました。哲学など全くの素人なのですが、伝わってくるものがありました。

人間主体が自分を指して「私」と言いつつ、「私」と言うその自分を同じ場所にいるそのつどの相手に向けること、すなわち、相手と向かい合って、他者である相手をうけいれつつ、相手に対して独自に「私」と言えるこの自分として存在すること。この全連関が「私」の基礎的事態であり、その動的な全連関の一貫性が「私」ということである。そして、相手がわの「わたし」も同じ事態であるから、双方の「私」が交差するところが「私」の現場になる。

（中略）

「私と言う」基礎的事態は、単純化すれば、「（自分を指して）私は、（相手に向かって）私です」。もっとも単純化すれば「私は、私です」となる。それは平板連続的に「私は私である」事態ではなく、中枢に「私ならずして」（ないし「私なくして」）という否定の切れ目が入って成立する運である。この全運動が「私」ということであり、この全運動の自覚は「私は、私ならずして（私なくして）、私である」と言う。

これまでの私が壊れ、その裂け目から新しい私が立ち上がってくる。その体験が繰り返されることで新しい自分が生まれる。それこそが、〝学ぶ〟ということなのではないか、と思えるようになったのです。

再び現場に戻ってからも、「学ぶ」楽しさを忘れることはありませんでした。日々の授業や子どもたちの姿を見るにつけ、「『教える』ことは『学ぶ』ことなんだ」という思いを強くしていきました。

そして、自分だけの学びでは深まらないと思い立ち、現場の仲間とともに立ち上げたのが自主研究会「ほのくに生活・総合研究会」でした。この研究会の理念の一つに、「『教師が学ぶとはどういうことか』について考えてみよう」があります。そのために、やらされる研修ではなく、自ら働きかける参加型研修のあり方を仲間とともに探りつづけました。ありがたいことに、毎回30～40名ほどの参加者があり、会場は先生たちの熱気に包まれていました。

その後、拠点校指導員（新任教師を教える仕事）を務めることになりました。担任を離れてさみしくて仕方ありませんでしたが、「自分には4名の教え子がいる」と考えるようになってからは、新任の先生方とどのように学び合うかが、私のテーマとなったのでした。

授業記録を分析してはお互いに語り合う、そんなかかわりを通して、日々の授業を地道に積み上げていくことの大切さ、尊さを改めて強く感じ取ることができたのです。ここでも、「学ぶ」楽しさがたくさんありました。

このころから、特に若い先生方から授業づくりの相談を受けることが多くなっていきました。彼らの思いや願いに応えるのは並大抵ではありませんが、「少しでもいい授業がしたい」と願う若い教師たちの熱意に打たれる。そうしたエネルギーに負けまいと、私も応えようとする。やはりそこにも「学ぶ」楽しさがあります。

いまは地元の愛知を離れ、大阪の大学で働くようになりましたが、教師を目指す若者たちとの学び合いの日々を送っています。

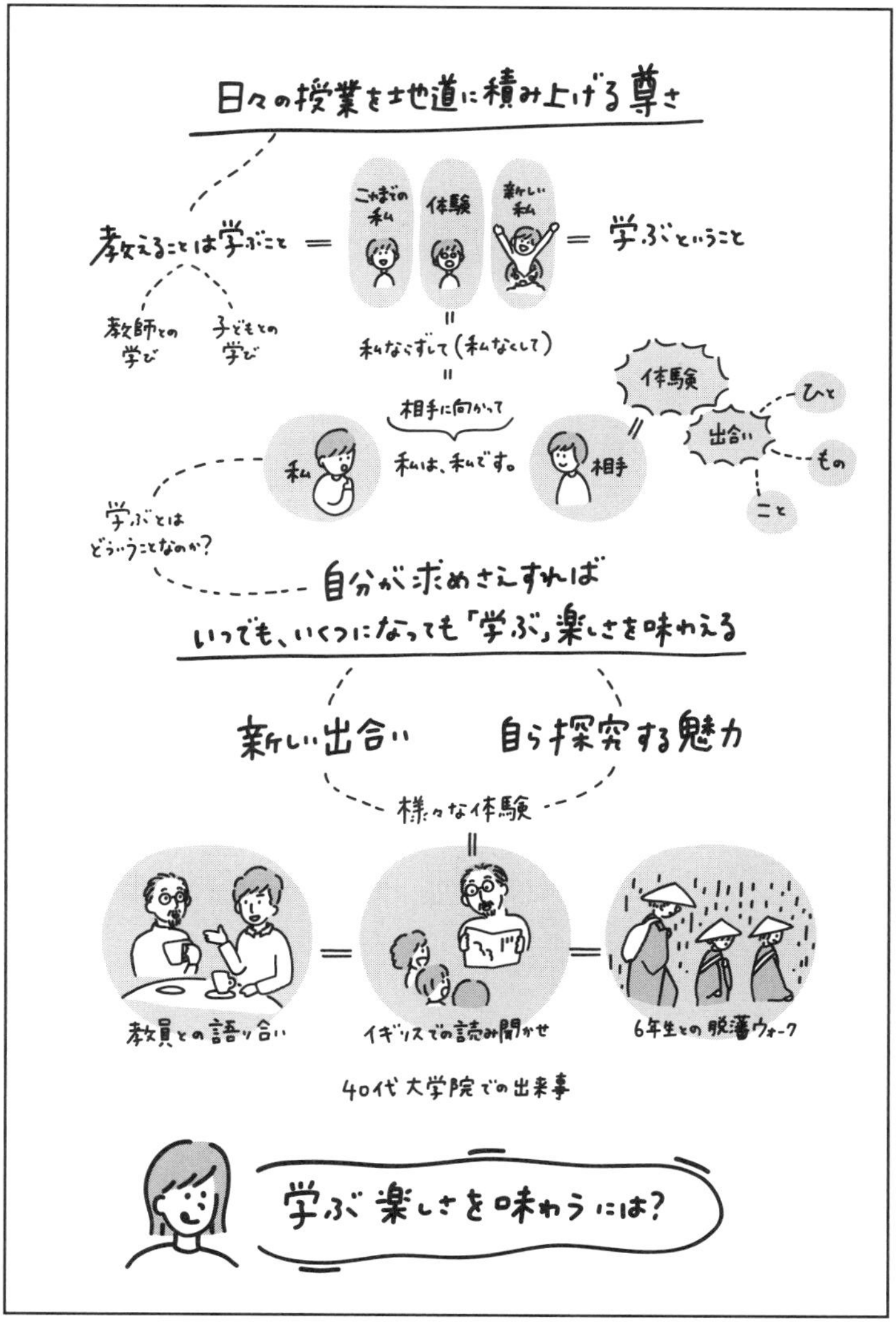
日々の授業を地道に積み上げる尊さ
教えることは学ぶこと
これまでの私
体験
新しい私
学ぶということ
教師との学び
子どもとの学び
私ならずして（私なくして）
相手に向かって
私
私は、私です。
相手
体験
出会い
ひと
もの
こと
学ぶとはどういうことなのか？
自分が求めさえすれば
いつでも、いくつになっても「学ぶ」楽しさを味わえる
新しい出会い
自ら探究する魅力
様々な体験
教員との語り合い
イギリスでの読み聞かせ
6年生との脱藩ウォーク
40代 大学院での出来事
学ぶ楽しさを味わうには？

喫茶店での研修会

こちらも鳴門教育大学大学院に内地留学していたころの話です。車を運転することが好きな私は、山口県の小学校にうかがうときにも車でした。仲間を４人乗せ、６時間もの道中、ずっと教育について語り合っていました。

また、鳴門教育大学（当時／現・甲南女子大学）の村川雅弘先生が同乗されたときは、質疑応答、勝手気ままな独占講義を受けました。別のあるときは、愛知から京都までの道中、京都大学の石井英真先生の教育論に耳を傾け、自分でも教育に対する思いを語りながら走ったこともあります。

どうしたわけか、走る車の中だとお互いリラックスした感じで、ざっくばらんに対話できるのです（タクシーの車中、運転手さんとつい打ち解けて話をしてしまうのに似ているかもしれません）。

ただし、運転しながらの教育談義なので、メモなどは取れないし、そもそも運転のほうに意識を向けなければならないのですが、その場で交わされたことは、明日の授業などを考える視点づくりに大いに役立ちました。また、語り合いによって生まれたアイデアが実際に形となったことも幾度となくあります。

そんな心理的安全性のある空間で、堅苦しくなく教育について語り合うことはできないものかと考えてはじめたのが、喫茶店での学び合いです。他校の先生から授業づくりなどの相談を受けたときに行っていました。最近では、電源を自由に使ってよかったり、ＷｉＦｉ接続もできたりするので、ノートＰＣをもち込んで一緒に画面を見ながら考えるのに重宝します。

喫茶店ですから、周囲はざわざわしています。店員と客との注文のやりとりをする声、周囲の人たちの笑い声、店内に流れるＢＧＭ、そうしたさまざまな音が入り混じった空間で、「うーん、ここで子どもはどう考えるのかなぁ」「新しい学習指導要領には、どんなふうに書いてあったっけ？」などと会話します。

でも、不思議と集中できるし、いろいろなプランが浮かんできます。気づけば、2時間も3時間も居座る客になっていたこともあります。ひとつ言えることは、殺風景な学校の会議室よりも、そうした場所のほうが、圧倒的に話がはずむということです。

同じような経験はほかにもあります。

前項でも取りあげた「ほのくに生活・総合研究会」という自主研究会は、年に3～4回、金曜日の夜に勉強会を行っていたのですが、記念すべき第1回目は、市の分庁舎の会議室でした。仕出し弁当を注文してみんなでわいわい夕食を食べました。それはそれで盛況だったのですが、だんだんと「もっといい場所はないかな」と考えるようになって行きついたのが、やはり喫茶店でした。

そこで実際に、間接照明や観葉植物など小洒落れた雰囲気のなかで研修会を行ってみました（ある喫茶店を運よく借りることができました）。すると、どうでしょう。もともと打ち解けた調子で対話してはいたものの、いつも以上の熱の入りようです。参加する人たちの笑い声や交わされる会話の量は圧倒的でした。

研修は、ラウンドスタディ方式で行います。小グループに分かれ、テーマに沿ってディスカッションするのですが、時間を区切るのに躊躇するほどの盛り上がりようで、BGMがかき消されてしまうほどでした。こうした先生方の姿を目にしたときふと、〝学ぶって、本当はこういうことなんじゃないかな〟と感じました。

かしこまった場所で一堂に会し、司会進行役がいて、タイムスケジュールどおりに段取りよく進めていく研修だけが教師の学びではないはず。むしろ、日常に溶け込むような学びこそ、私たち教師本来の学びなのではないかと思ったのです。

といっても、教師は四六時中勉強していないといけないなどと言いたいわけではありません。私の考える「学び」とは「経験」に近い。多様ないい経験をたくさんできれば、人はそこからなにかを見いだします。そして、そのなにかこそが学びだという考え方です。

授業中だけでない、休み時間などの子どもたちの様子などについて、放課後、同僚の先生と職員室や廊下でちょっと話題にしてみる。これもまた経験であり学びです。居心地のいい喫茶店で雑談するかのように教育について語り合うのもまた経験であり学びです。冒頭の車中での語らいもそうです。自覚的な場合もあれば無自覚な場合もあります。こうした事柄はみな、日常に溶け込んでいます。

授業づくりの相談も、官制研修も、校外で行う自主研修も、こうした教師の学びのスペクトラムに位置づいているように私には思えます。言い換えれば、ここは学びの場であるとかそうではないとかいったボーダーはない、いつ・いかなる場であっても学びの場となり得るということです。

そこでちょっと発想を変え、というか場を変えて、研修会を行ってみるのもいいのではないでしょうか。喫茶店でなくてもかまいません。草木の多い大きな公園の一角にブルーシートを広げ、お花見のように授業について語り合うのだっていいと私は思います。

かつてイギリスの小学校に訪問したとき、教師たちのミーティングを参観させてもらったことがあります。子どもたちも使う広い空間で、各々が椅子を持ち寄り輪になりました。管理職の席が特別にあるわけでもありません。テーブルもなければ配布資料もありません。そのようななかでディスカッション開始。盛んに意見が交わされます。こんな会議のもち方もあるんだなと率直に感心しました（こうした体験が喫茶店での学び合いという発想につながったのかもしれません）。

いずれにも共通することは、余計な堅さがないということです。お互いにリラックスできるような心理的安全性があってはじめて、本当の意味での闊達な議論、建設的な発想が生まれるのだと思います。

日本の教育がこれまで培ってきたものを考えると、従来どおりの校内での研修や研究大会を否定したいわけではありません。緊張感のなかでこそ生まれる学びもあると思うからです。問題は、「教師の研修はこうあらねばならない」などといった硬直化したとらえにこそあります。

「今日はリラックスした気分でざっくばらんに意見を出し合おう」「今日は格式を重んじて重厚感のある研修にしよう」などと、研修の目的やその場の先生方の受け止めに応じて、研修する場や方法を切り替える柔軟性です。

授業研究に対する発想の転換。これは、今後の教育改革とも切り離すことができないことです。教師一人一人が、日常に溶け込む学びをもち寄れるようにするにはなにが必要か、研修会のもち方を考える研修会を行ってみてもよいかもしれませんよね。

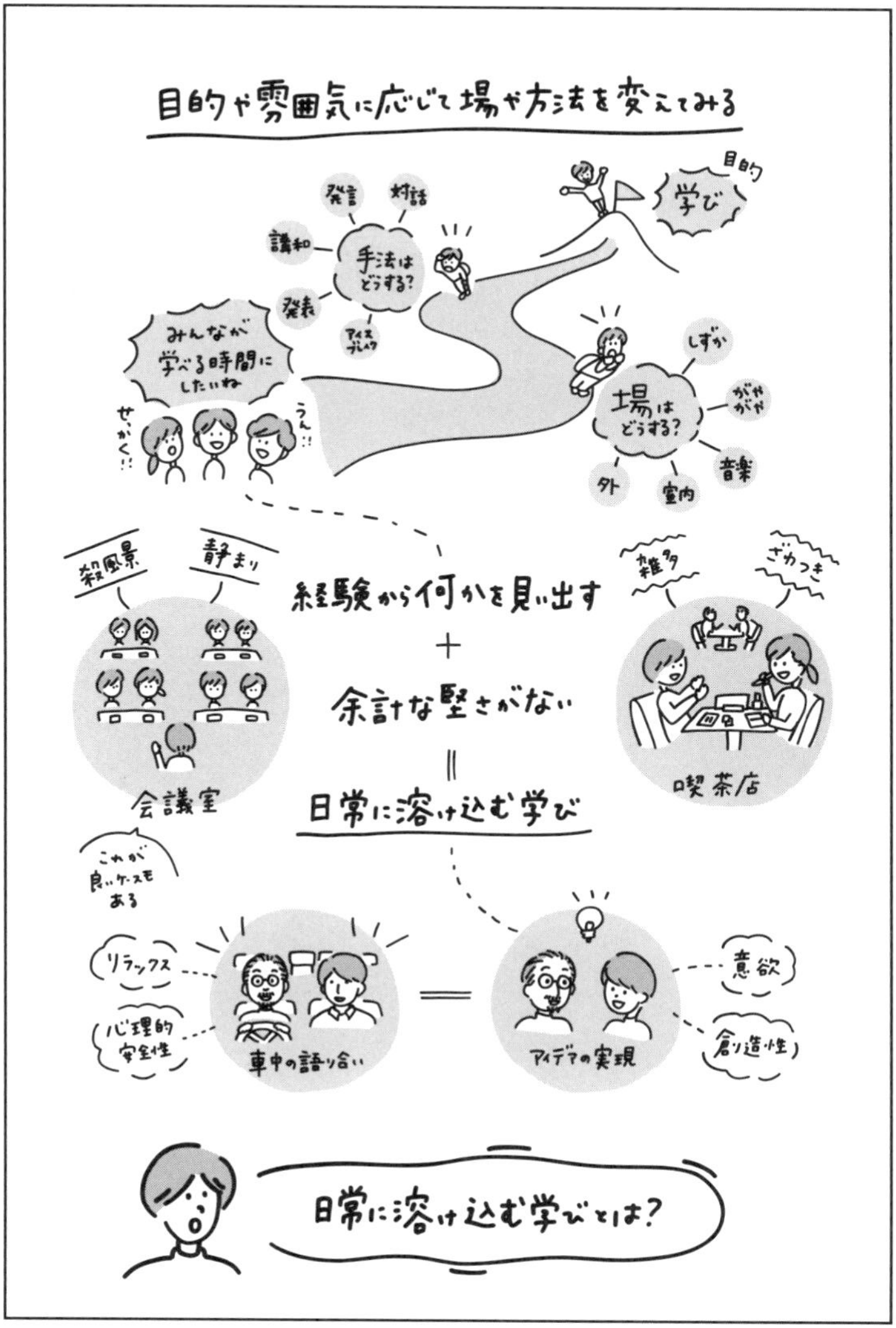
目的や雰囲気に応じて場や方法を変えてみる
目的
学び
発言
対話
講和
手法はどうする?
発表
アイスブレイク
みんなが学べる時間にしたいね
せっかく!!
うん!!
しずか
がやがや
場はどうする?
音楽
外
室内
殺風景
静まり
雑多
ざわつき
経験から何かを見い出す
+
余計な堅さがない
=
日常に溶け込む学び
会議室
喫茶店
これが良いケースもある
リラックス
心理的安全性
車中の語り合い
=
アイデアの実現
意欲
創造性
日常に溶け込む学びとは?

教師たちの町探検

教師は、少しでもよい授業をしようと教材研究を行います。自分の好きな教科であれば、〝こんな教材だったら、意欲的に取り組んでくれるんじゃないか〟などとイメージを膨らませます。手間暇がとてもかかることですから、どの教科でも行うというわけにはいきませんが、ここにも「学ぶ」楽しさがたくさんあります。

その一方で、校内研修となるとどうしたわけか、この「学ぶ楽しさ」を感じられないことがあります。自分の考えを言いにくい雰囲気だったり、一部の先生によって話し合いが進められたりすることもあります。その結果、ついつい時計が気になったり、眠くなってしまったりすることもあります。本来であれば勤務時間に行える、同じ学校の仲間同士、子どもの姿や授業について語り合える場であるはずなのにです。

本当は、だれもがいろいろな先生方と学び合いたいと思っています。そこで私が校内研修の担当者になった年、思い切って提案したのが「教師たちの町探検」でした。「町探検」というと、自分の住んでいる町の様子を見て回ったり、地域の人たちと言葉を交わしたりすることを通して、自分たちの暮らしや地域の課題などについて学ぶ子どもたちの活動です。この活動を教師に転用したわけです。

（子どもたちがそうしているように）実際に地域に出向いて見て回り、自分が勤める学校の周囲にはどのようなものがあるか、どのような地域環境か、どのような人たちが暮らしているかなどについて、自分たちが気づいたことを報告し合い、みんなで共有する研修です。

なぜ、こんな取組を思いついたのかについては、私なりの理由があります。

赴任してきたばかりの教師は（その地域で生まれ育ったということでもない限り）土地勘がありません。では、勤務年数が長くなればその地域全般について詳しくなるかというと、そうでもありません。

校区を歩いて回る経験は、生活科のある低学年を受けもったときか、社会科の地域学習、総合的な学習の時間におけるフィールド学習のときくらいで限定的です。家庭訪問を行う学校も減っているし、自宅と勤務校を往復する毎日では、（よほど意識していない限り）地域を知る機会をもたないままです。

ここで言いたいのは、地域のことを知らないのに（フィールド学習を含む）子どもたちの地域学習を充実することはできないということではありません。子どもたちと同じように、フィールド学習を通して地域についての見識を高め、教師間で共有する試みが、「学ぶ」楽しさを感じられる校内研修になるのではないかと考えたわけです。

具体的には、次のように実施していました（訪問から報告まで、無理なく1日の工程に収めることができます）。

●夏休みの前半に、教師たちは小グループに分かれて探検する場所を決め、訪問先との交渉をする。
●その際、町の人とのかかわりの場を必ず設定する。
●夏休みの後半、午前中に町探検を行う。
●午後は、自分たちが発見してきたことをまとめ、発表し合う（発表の仕方は探検前に決めておく）。

次に紹介するのは、ある年度の教師たちの町探検の様子です。

あるグループは、「おゆき弁天の伝説」（校区に伝わる昔話）にゆかりのある場所を探訪しました。あるグループは、学校のクラブ活動で子ども歌舞伎を指導しているAさんにインタビューしました。またあるグループは、学校のすぐ近くにあるおしゃれなはちみつ屋さんのオーナーを訪ねる活動を行いました。

ほかにも、初代PTA会長を訪ねて学校開校当時の話をインタビューしたグループもあります。きっかけは、4年生の総合的な学習の時間で「小学校の歴史探検」を学習したことでした。

発表の仕方もさまざまで、パワーポイントを駆使したグループもあれば、新聞をつくって発表したグループもありました。グループごとに異なる場所を訪れているので、「訪問した場所はどんなところか」「なぜその場所に訪問したのか」などについて、先生方にわかりやすく伝えるにはどうすればよいかと、みなさん楽しそうに頭を悩ませていました。

「教師の町探検」は、想像以上に好評でした。小グループで活動するので、対話が活発になりやすく、活動ベースなので教師同士の交流も深まりやすかったことなどが挙げられます。

なにより、地域に直接出向いてさまざまな発見をしたことで、「地域の学校」という意識を高める契機ともなり、自分たちの勤める学校と地域に対して誇りを感じられるようになったと公言する教師も現れました。

特に、若い教師たちの活躍は目を見張るものがありました。地域の人たちとのかかわりが、明日へのエネルギーになる、そんな研修になったように思います。

「子どもの学びと教師の学びは相似形」

これは、京都大学の石井英真先生がおっしゃる言葉ですが、まさにそのとおりですね。

＊

最後に紹介するのは、町探検に参加した先生方の声です。

「Aさん、Bさん、Cさんのお話のなかには、共通して『地域を愛する心』を強く感じた」

「3人それぞれにこの地域で育ち、この地元でがんばってみえる人たち。私たち教師は、(異動があるから)この地域・学校とずっとかかわりつづけることはできないので、むずかしい面もあるが、子どもたちには、自分たちの学校・地域を誇りに思えるような学習を経験させたいと強く感じた」

「今日、Dさん、Eさんの話を聞いたことで、学校への思いやはちみつ屋さんをここで開業した願いを知ることができた。地域の人に対する自分自身の見方が変わった。見方も変わるから、はちみつ屋さんにまた行きたいと思うし、Dさんのように学校を大切にしようと思う気持ちも強くなる」

「この町探検で、知らなかったことがほとんどだったが、どれも自分のこれからに影響のある話だった。いい一日で、うれしく思った」

「今日の研修に登場した地域の方々は、みなさんすばらしい郷土愛の持ち主だったと思う。大人になり地元を離れようが、このような心をもった子を育てなければという責任を感じた」

「いろいろな経験をし、学び、自分の考えをしっかりもっている人はやはりおもしろい」

「町探検の発表を聞いて、町探検は幸せ探しだと思った」

「Cさんの話から、この小学校を子どもたちにとってよりよい環境にしようという保護者や地域の方の熱意と愛情を感じた。学校創建当時、保護者や地域の方が手弁当でいろいろな作業に参加されたということだったが、『文句もけが人も出なかった』というところに〝自分たちの学校をつくる〟という強い意思が感じられた」

「歌舞伎の存続の話題で、これまで鎮守の森としてのお宮が担ってきた役割が学校へと移ってきているのか？というお話は、歌舞伎に限らず、村や町の人々の心の拠りどころとしての学校という存在について考えさせられた」

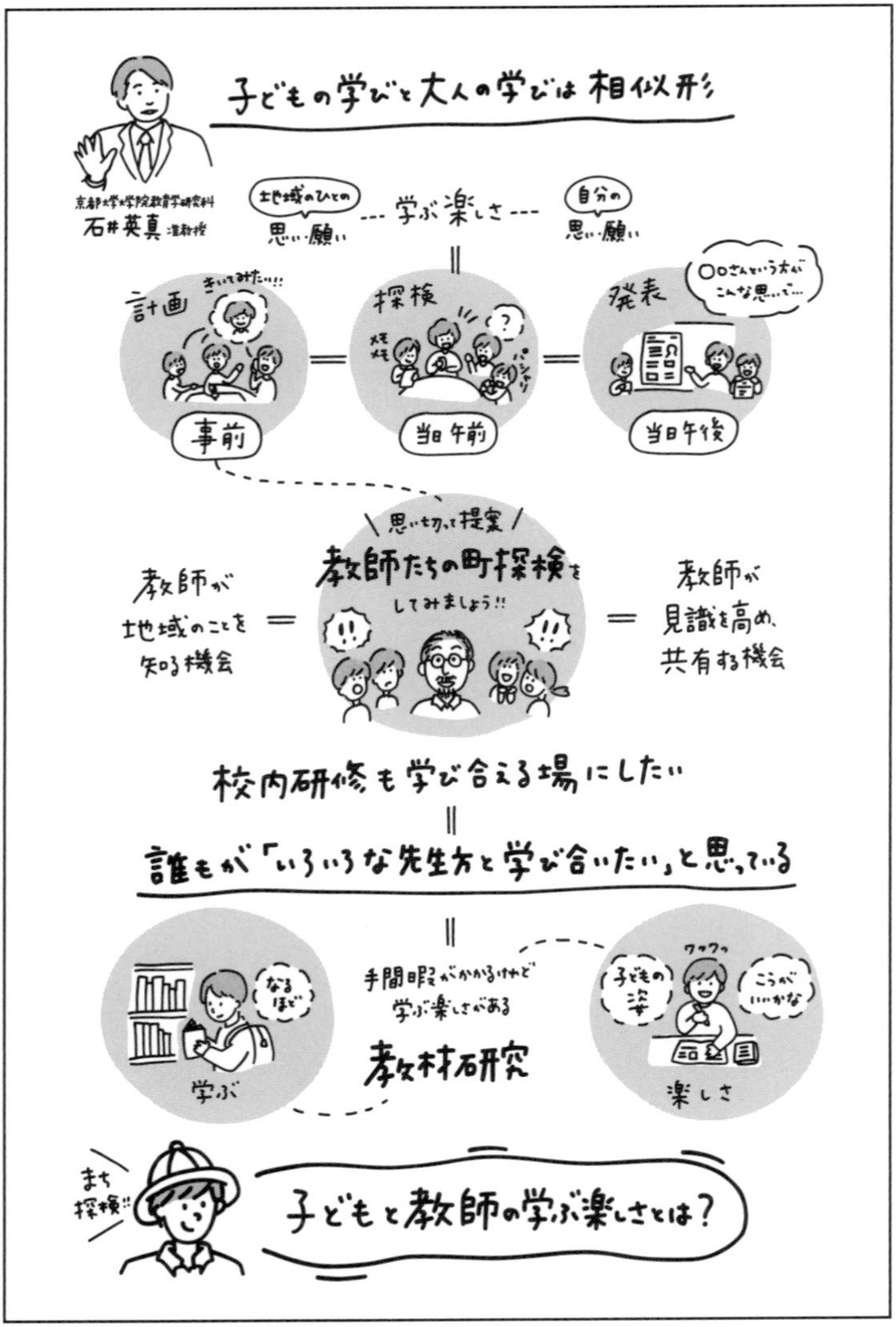

子どもの学びと大人の学びは相似形
京都大学大学院教育学研究科
石井英真 准教授
地域のひとの
思い・願い
--- 学ぶ楽しさ ---
自分の
思い・願い
計画
きいてみた…!!
探検
メモメモ
?
パシャリ
発表
○○さんという方がこんな思いで…
事前
当日午前
当日午後
思い切って提案
教師たちの町探検をしてみましょう!!
!!
!!
教師が地域のことを知る機会
教師が見識を高め、共有する機会
校内研修も学び合える場にしたい
誰もが「いろいろな先生方と学び合いたい」と思っている
なるほど
学ぶ
手間暇がかかるけれど
学ぶ楽しさがある
教材研究
ワクワク
子どもの姿
こうがいいかな
楽しさ
まち探検!!
子どもと教師の学ぶ楽しさとは?

おじいちゃんと戦争

私がまだ若いころ、「家に帰ったら、戦争のころのことをおじいさんやおばあさんに聞いてきましょう」と伝え、子どもたちに学校で話してもらったことがあります。

わたしのおじいちゃんは、飛行機の操縦士でした。18歳でした。訓練で飛行機に乗るのは楽しかったと言っていました。地上では、ぶたれたり、けったくられたりされたので、飛んでいるときがよかったそうです。ブィーンとかバババーンとか、音をつけて、いろいろな話をしてくれました。

おじいちゃんが戦場にいこうとしたときは、戦争はもう終わっていたそうです。「戦いたかった?」と聞いたら、「まぁ、いろいろと学んだし、みんな戦っとるだもんで」と言っていました。でも、最後は、「でも、日本は負けちゃってのん。人もいっぱい死んで、俺の相棒もみんな死んで、友達なん、いま、一人もおらんかなぁ」と言って、部屋を出ていきました。

おじいちゃんは、幸運だったと思います。こうやって、いまも生きているからです。

おじいちゃんが生き残ってくれたから、自分も生まれることができました。よかったです。

でも、おじいちゃんは、いまでも軍にいたときのくせが抜けないと言っていました。もうずっと前のことなのに、戦争は恐ろしいと思いました。

多くの人の命が失われた戦争です。その人たちから語り継がれたかもしれないことはみな消えてしまいました。その一方で、生き残った人たちによって語り継がれ、次の世代へとバトンがつながれました。

「戦いたかった?」という孫娘の質問に対して「まあ、いろいろと学んだし…」と言葉を濁すおじいさん。当時自ら志願して飛行機乗りになった18歳の青年です。腕試しをしてみたかったという気持ちもあったでしょう。お国のために少しでも力になりたかったという思いもあったでしょう。

しかし、ひとたび戦場に出て、機銃の照準を合わせた先には、自分のとは違う別の命があります。さらにその向こう側には、その命を支えてきた家族がいます。

コックピットという閉ざされた空間で、なぜお互いがお互いの命を奪おうとしなければならないのか。お互いに見ず知らずの命と命が、なぜ対峙しなければならないのか。

もし、背後をとられて撃墜されれば、（よほどの強運の持ち主でもない限り）その命は潰えます。生きてさえいれば会えたかもしれない孫娘は、そもそも存在しなくなります。

幼いころ、ケン・アナキン監督の『史上最大の作戦』（1962年）という作品を観たことがあります。ノルマンディー上陸作戦を扱ったアメリカ映画です。といっても、覚えているのはワンシーンだけ。上陸艇から兵士たちが飛び出し、銃を構えながら陸地に向かって走っていくシーンです。

銃撃を受けてはバタバタと兵士が倒れます。それでも行軍をやめません。次から次へ兵士たちが降り立ち陸地を目指します。そんな様子を観ていて、子どもながらも〝ここで死んだ兵士たち一人一人に家族がいるはずなんだよな〟と思ったことを覚えています。

ずいぶん前のことですが、「おじいさんを撃った弾丸があと10㎝ズレていたら、いまのわたしはいなかったです」と作文に綴った子もいました。この子のなかでおじいさんの逸話は、自分がこの世に生まれてこられた理由と結びついていたのでしょう。

自分の命が「いま、ここにある」ということ。自分と寄り添い合う（場合によっては敵対する）他者の命もまた「いま、ここにある」ということ。平和ないまの日本では、ともすれば忘れがちなものなのかもしれません。そんなことを考えるとき、語り部のほとんどを失いつつあるいま、私たち教師たちにできることはなにかと、思いをいたすのです。

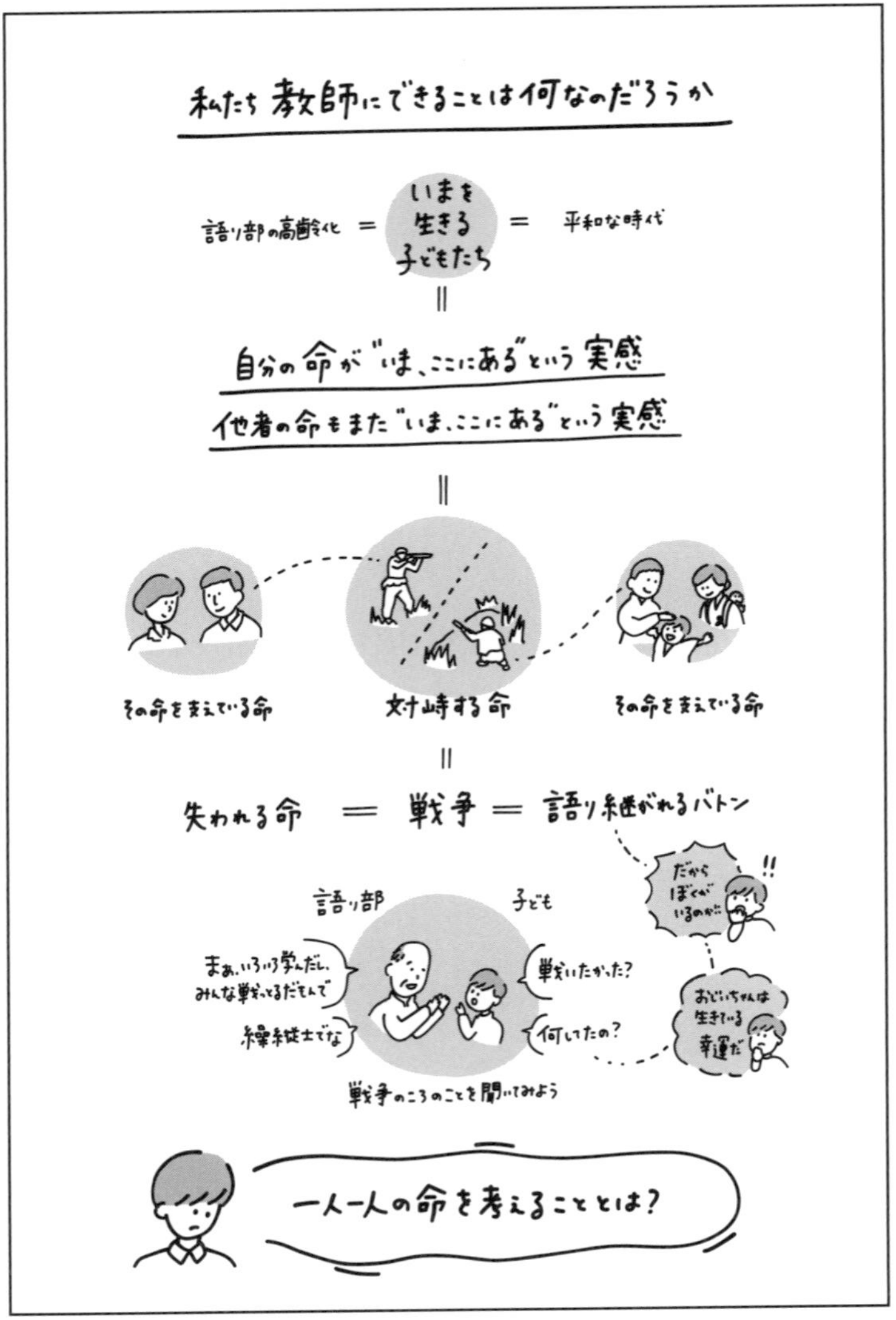
私たち教師にできることは何なのだろうか
語り部の高齢化
いまを生きる子どもたち
平和な時代
自分の命が"いま、ここにある"という実感
他者の命もまた"いま、ここにある"という実感
その命を支えている命
対峙する命
その命を支えている命
失われる命
戦争
語り継がれるバトン
だからぼくがいるのか
!!
語り部
子ども
まぁ、いろいろ学んだし、みんな戦ってるだもんで
操縦士でな
戦いたかった?
何してたの?
おじいちゃんは生きてる幸運だ
戦争のころのことを聞いてみよう
一人一人の命を考えることとは?

教師であることの誇りと確かな人権意識

以前、中学校に勤務していたときのことです。カナダの交換留学生一行を引率していた教師たちが、私たちに缶バッチをプレゼントしてくれました（資料）。

手に取った私は〝へえー〟っと、純粋に感心しました。「教師の仕事に誇りをもつ」などといった感覚のもち合わせは、私にはなかったからです。それどころか、自分が教師という仕事に就いていることを隠しておきたいといった心情が働くことすらあるくらいです。

それと、お国柄とも言えるかもしれませんが、カナダの教師たちが「自分たちは教師の仕事に誇りをもっている」ことを（心に秘めるだけでなく）バッジにまでしてしまうメンタリティーを羨ましくも感じました。

このバッジ、たいへん気に入ったので、仕事用のカバンにつけてみました。すると、背筋がピンと伸びるような気がして、気分が悪くありません。

資料

さて、花巻農学校で4年間教師をしていた宮沢賢治は、次の言葉を残しています。

この四ヶ年が
わたくしに
どんなに
楽しかったか
わたくしは毎日を
鳥のように
教室でうたって
くらした
誓って言ふが
わたくしはこの仕事で
疲れを
おぼえたことはない
（後略）

（畑山博著『教師 宮沢賢治のしごと』小学館、1988年より）

直接的に語られてはいませんが、賢治がどれだけ教師という仕事に誇りをもっていたかが伝わってくるようです。賢治は、生徒たちをともに過ごした時間を「鳥のようにうたった」と言い、教室で過ごす時間を「くらした」と表現しています。賢治にとって、授業は教える時間ではなく、生徒たちとともにうたい、共に学び合う時間だったのでしょう。教えることと学ぶことが、くらしに溶け込んでいる様子がうかがわれます。

加えて、「疲れをおぼえたことはない」と断言しています。しかし、肉体的に疲れないはずはありません。この疲れは、おそらく倦怠感。「教師の仕事に飽き飽きすることは一度としてなかった」ということなのだろうと思います。生徒とともに学ぶ時間は、賢治にとってかけがえがない時間だったはずです。

そう考えると、（私たち日本の教師は）「自分の仕事に誇りをもつことが大切だ」などと声高に表明する必要はない気がします。誇りとはもつものではなく、湧き上がってくるものなのではないでしょうか。そうなのだとしたら、その思いを胸に、子どもたちの前に立てばいいのだと思います。子どもたちは、そんな教師の姿からなにかを感じ取ります。そのために欠かせないのが「確かな人権意識」なのだと思うのです。

たとえば、「教育は、教師の確かな人権意識に支えられたものでなければならない」という言葉に異議を唱える人はまずいないでしょう。

ひとたび教師になれば、年におよそ1000時間もの授業を行います。新卒であれば、定年を迎えるまでに4万時間近くもの授業です。これだけ膨大な時間を少しでも意義あるものにするのに欠かせないのが、この「確かな人権意識」です。

とはいえ、それがなんなのかというと、言葉にするのはむずかしさがあります。教師が発するひとつひとつの言葉や提案だけでなく、日常的な立ち居振る舞い、そうしたあらゆる出来事や場面と密接につながっているからです。あえてかみ砕けば、「自分自身と自分のまわりの人たちを大切にする気持ちだ」と言えそうですが、ふわっとしていて具体性に欠けますね。

もう少し掘り下げてみましょう。

教師が子どもと向き合うとき、教師が「確かな人権意識」をもって子どもと接するということは、子どもたち一人一人を大切にしようとする心情であり、教師である自分自身も子どもとのかかわりを通して成長していこうとする態度だと言えるかもしれません。

また、子どもたちに「確かな人権意識」を育てるということは、他者を大切にする気持ちを育てるとともに、それと同じように自分自身をも大切にする気持ちを育むことだと言えるかもしれません。

こうしたことは、著名な講師を招いて講演してもらったからといって獲得できるものではないと思います。子どものほうにしても、道徳の授業などで学んだからといって心のなかに形づくられるものでもないでしょう。もっと地道で、日常的なかかわりを通して、少しずつ育まれていくものだと思います。

毎日の授業を通してどれだけ子どものつぶやきを拾うことができたか、できない・わからない子にどれだけ働きかけることができたか、クラスメイトの何気ない一言で傷ついている子どもにどれだけ気づくことができたのか…そうした一人一人の子どもたちに向ける日常的なまなざしこそが、自らの「確かな人権意識」を鍛え、子どもたちもまたそんな教師のまなざしを通して、「確かな人権意識」を感じ取っていきます。

ただし、どれだけハイスペックな教師であっても、いつ・いかなるときもできることではありません。ですから、不完全でよいのです。「でき得る限り一人一人の子どもを大切にしよう」「教師として働く自分自身を大切にしよう」という思いを胸に行動すればよいからです。そう考えれば、けっしてむずかしいことではないはずです。

そうです。まずは授業でも目立たない、休み時間も教室の端っこで息をひそめながら時間をやり過ごそうとしている、そんな子に声をかけることからはじめればよいのです。

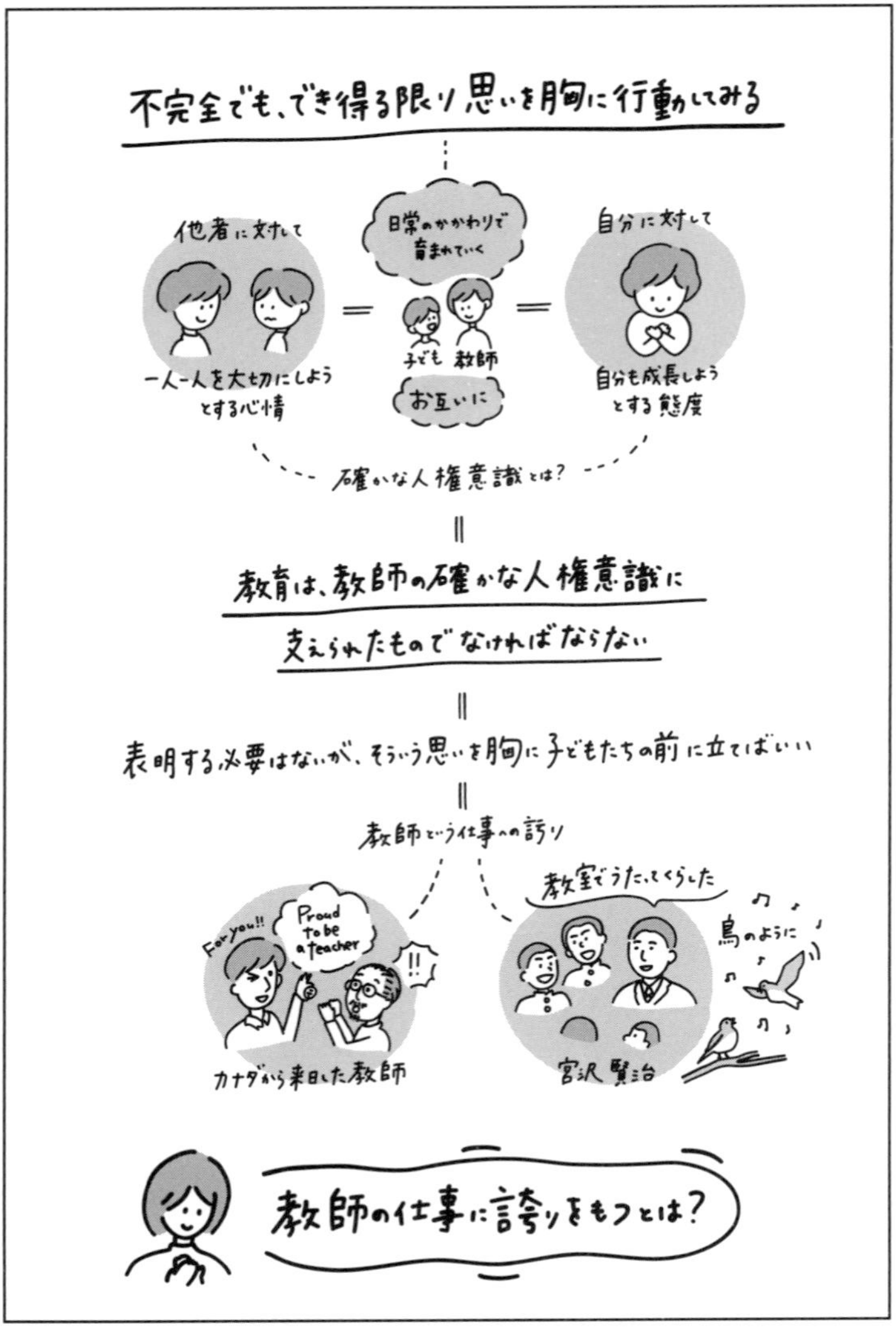
不完全でも、でき得る限り思いを胸に行動してみる
日常のかかわりで育まれていく
他者に対して
一人一人を大切にしようとする心情
子ども
教師
お互いに
自分に対して
自分も成長しようとする態度
確かな人権意識とは?
教育は、教師の確かな人権意識に支えられたものでなければならない
表明する必要はないが、そういう思いを胸に子どもたちの前に立てばいい
教師という仕事への誇り
For you!!
Proud to be a teacher
!!
カナダから来日した教師
教室でうたってくらした
鳥のように
宮沢賢治
教師の仕事に誇りをもつとは?

さぁ、どうする

学校現場は、思わぬ出来事の連続です。その場で解決できる小さな出来事から、周囲の力を結集しないとどうにもならない大きな出来事まで、本当にさまざまです。そのたびに、「さぁ、どうする」と自らに問いかけます。

いつもより朝早く学校へ行き、ひと仕事をしようとパソコンを起動した途端に、「先生！ちょっと来てください！」と声がかかる。次から次へと起きる出来事に対応しているうちに、手をつけようとしていた仕事に戻れるのは放課後になってから。

こんなことは日常茶飯事です。そんな職場ですから、なにごとも自分の決めた予定どおり・想定どおりに仕事を進めていきたい人には、しんどい職業かもしれません。

学校は、そもそもそういう場所です。いいとか悪いとかという話ではありません。一人一人性格も違う、家庭環境も違う、生育歴も違う、体格や個性も違う子どもたちが一つ箇所に集まる場所が学校です。しかも長期休業や睡眠時間を除けば、1日のおよそ半分の時間を学校で過ごします。なにも起きないほうがおかしいくらいです。

しかしそうでありながら、無秩序に混沌とせずに済むのは、なぜでしょう。

「学校には行かなければいけないと言われているから来ている」
「先生の言うことを聞かないと怒られる」
「みんなと違うことをすると仲間外れにされる」

このような周囲の大人からの強制力、自分の身のまわりの環境に対する不安感が根底にあって、結果的に一定の秩序が担保されている面も、確かにあるでしょう。しかし、それだけでは、日々の教育活動を支える基盤とはなりえません。

それは、全学年100人に満たない小規模校だろうと、1000人を越える大規模だろうと、本質的には変わりません。子ども同士、お互いの違いを受け止め、ともに学んでいこうとうする関係性、それを後押しする教師との関係性があってこそ成立するものです。

そうした関係性は、本当に絶妙なバランスの上に成り立っているとも言えます。バランスが揺らげば、必ずなにかしらのリアクションを伴います。そうしたさまざまな出来事の渦中にいる子どもたちを支えるのが、教師の仕事です。事務仕事も多いなかで向き合うべきは、やはりパソコンではなく、子どもたちです。

こうして、思わぬ出来事に対応するのは教師ですが、出来事そのものに正対するのは子どもたちです。就寝前に時間割を確認して教科書やノートをランドセルに入れる。朝起きて食事をとる。〝今日も昨日と同じように楽しい1日になるかな〟と思いながら登校する。いつもと同じ行動です。しかし、昨日と同じ日など1日たりともありません。自分ではちゃんと確認したはずなのに忘れ物をした、些細なことで友達と言い合いになった、自分はなにもしていないのにクラスメイトからからかわれた…などなど。子どもたちもまた「さぁ、どうする?」の連続です。小さな頭のなかはフル回転。解決の糸口を見つけ出そうとします。しかし、うまくいかないことのほうが多いでしょう。哲学者・上田閑照氏は、「経験」について次のように述べています。

新しい経験はまず痛みと共に与えられます。慣れた自分の世界、前理解された自分の世界が破られるような仕方で事実にぶつかるわけです。それが経験の発端と言えます。しかも、その事態は同時に一つの問いの意味を持っています。世界内存在としてのわたくしたちの世界にひびを入れられるということは、わたくしたちの存在自身が否定されることですから、自己存在し得るためには、今までの自分の世界にひびを入れたそういう新しい事実を組み入れることの出来るような、より広い新しい世界の開けに自分を破って出てゆかなければなりません。事実にぶつかるということの中には、そのような課題が含まれています。「さあ、どうする」という問いです。

（上田閑照著『生きるということ―経験と自覚』人文書院、1991年より）

自分自身を再構築するために「さぁ、どうする」と問う。この主体的な問いをもてなければ、ひびの入った殻のなかに閉じ籠るほかなく、新しい世界に出ていくことができません。伸るか反るか、自己決定が迫られます。

教室であれば、こんなシーンです。

給食の最中、子どもの一人が飲みかけの牛乳瓶を落としてしまう。幸い割れずに済んだものの、牛乳がまき散らされる。その瞬間、教室がしぃんと静まり返る。ある子はあきれた顔つきでその様子を見ている。ある子は周囲をキョロキョロしている。牛乳瓶を落としてしまった当の本人は、足元の牛乳瓶を呆然と眺めている。

多くの子どもたちの視線はその場に釘づけです。

しかし、それは一瞬のこと。近寄ってきて床に転がった牛乳瓶を拾い上げる子がいる。「大丈夫？」と声をかける子がいる。バケツと雑巾を取りに行く子がいる。手分けして掃除をしはじめる子どもたちがいる。その様子にハッとして、当の本人も慌てて掃除に加わる。そんな様子は我関せずとばかりに、給食を食べつづける子どもも、なかにはいる。

無事、床も綺麗になり、一息つけるようになると、教師の許可を得て、代わりの牛乳をもってきてくれる子どももいる。再びすべての子どもが給食を食べはじめる。

ここにきて、「さぁ、どうする」がようやく解決します。

シリーズ累計110万部突破！
教育書
売り上げ
No.1
紀伊國屋書店売上（教育／学校教育）
集計期間：2003/1/1～2021/12/31
先生のために、
一番いいものを。
板書で見る
全単元の授業のすべて
小学校
年
国語
新教科書対応！
DVD
No.1!
板書
シリーズ
東洋館出版社

この例は、周囲の子どもたちのやさしさによって教室内に平穏が舞い戻ってきたという一幕です。ですが私は、牛乳瓶を落としてしまった子には、できれば自分で瓶を拾い上げ、掃除を手伝ってもらえるようクラスメイトに声をかけるなど、「さぁ、どうする」という問いへの解決策を自ら講じられるようになってほしいと考えています。

そうは言っても、突然の出来事、自分の犯したミスに囚われ、なにもできない子どもは、もちろんいます。そうした子どもはダメなのかといえば、そんなことはありません。「さぁ、どうする」という問いさえもてていれば、〝自分はあのとき、なにもできなかった〟という苦々しい思いや経験が無駄にならないからです。

周りの人たちはどのような行動を選択したのか、自分に対してどう接してくれたのかを脳裏に焼きつけることができれば、新たな行動指針を獲得することができます。〝今度は自分も！〟と思えるようになります。

もちろん、なかにはそうならない子どももいます。同じような失敗を繰り返し、そのつど自ら事を起こすことができません。しかし、小学生時代にできなかったからといって、生涯できないままであるわけでもありません。

みんなの前で失敗してしまった恥ずかしい気持ち、クラスメイトに助けてもらった嬉しい気持ち、自分ではどうすることもできなかった歯がゆい気持ちは、ずっとその子のなかでくすぶりつづけるからです。教師のかかわりが適切でさえあれば（心理的安全性のある学級であれば）、その子は〝いつかは自分だって〟という気持ちをもてます。学ぶということは結局のところ、こうした経験の積み重ねなのではないかとさえ思います。

「転ばぬ先の杖」という故事ことわざがあります。「あらかじめ杖を用意しおけば（なんらかの保険をかけておけば）、たとえ転んでも（失敗しても）ケガをすることはない（大事に至らずに済む）」という意味です。

江戸時代の「伊賀越道中双六」という浄瑠璃に登場したのがはじまりだと言われますから、200年以上前に生まれた言葉であり、人生にせよ、人とのかかわりにせよ、堅実に対応することの重要性が込められている、すっかり定着した言葉です。

学校教育においても、昔から転ばぬ先の杖をもっておこうという意識がありますが、その意識はずいぶんと強くなっているように感じられます。

かつて小さな学校に勤務したときのことです。校庭の一角には小山があり、そこには滑り台もある、三層仕立ての立派な木製の砦がありました。赴任した当初は、「子どもたちのためにって、PTAがね、本気になってつくってくれたんですよ」と誇らしげに説明を受けたことを覚えています。子どもたちのほうも、休み時間になるとその砦に登って楽しそうに遊んでいました。

しばらくすると、外部の点検で「滑り台が危険だ」という指摘を受けます。「古い型で安全基準を満たしていない」というのが理由です。そこで、なんとかお金を工面して（これもPTAの活躍で）新しいものに取り換えました。すると、今度は高さが問題にされるようになりました。仕方なく、てっぺんに登る階段を塞ぐようにふたが取りつけられ、鍵がかけられました。

しまいには、「ボルトのでっぱりが危険だ」「腐食が進んでいる木材がある」などと言われはじめ、結局、砦そのものが危険遊具に指定されてしまったのです。砦は登って遊ぶものではなく、眺めるものとなってしまいました。

こんなふうに綴ると、単なるノスタルジーのように聞こえるかもしれません。「子どもの安全を守る義務が学校にあるんだ」「子どもがケガをしてからでは遅い」、だから「適切な対応だったのだ」という声が聞こえてきそうです。

確かに、そうした指摘は正しいと思います。子どもたちの安全を考えるのであれば、否定する余地はありません。しかしそうでありながら、〝本当にそうであってよいのだろうか〟という思いも、私のなかでとどまりつづけています。

「さぁ、どうする」という問いは、思わぬ危機に直面したときに入る、いわばスイッチです。裏を返せば、常に危険と隣り合わせだということです。そうした危険を最初から排除できるのであれば、確かに子どもたちの安全を確保できるでしょう。周囲の大人たちも安心だと思います。

しかし、冒頭でも述べたように、学校現場は、思わぬ出来事が起きます。どれだけ危険を排除しようとしても、(潜在的な危険をも含めて) すべてを事前に排除することなどできません。どれだけ安全性の高い設備を整え、人員を配置して細心の注意を払ったところで、起きるときは起きてしまうものです。だからといって、危険を放置したままでよいなどと言いたいわけではありません。

私を不安にさせるのは、なにかがあるたびに (あるいは、まだなにも起きてないのに、そう予見されただけで) 削るばかりであれば、子どもたちは危機に対する耐性を身につけようがないということです。もし大人たちの安心感のために、子どもたちが危機を受け止め、どうすればよいかを考え、行動に移すチャンス、そこからなにかを学ぶチャンスを奪ってしまっているのだとしたら？

いまの時代、なかなかむずかしいことかもしれませんが、ときには (なにが起きるかわからない) だだっ広い野原に子どもたちを連れ出し、「いまから1時間、好きなことをしよう！」と言い放つような授業があってもよいのではないか。私はそんなふうにも思うのです。

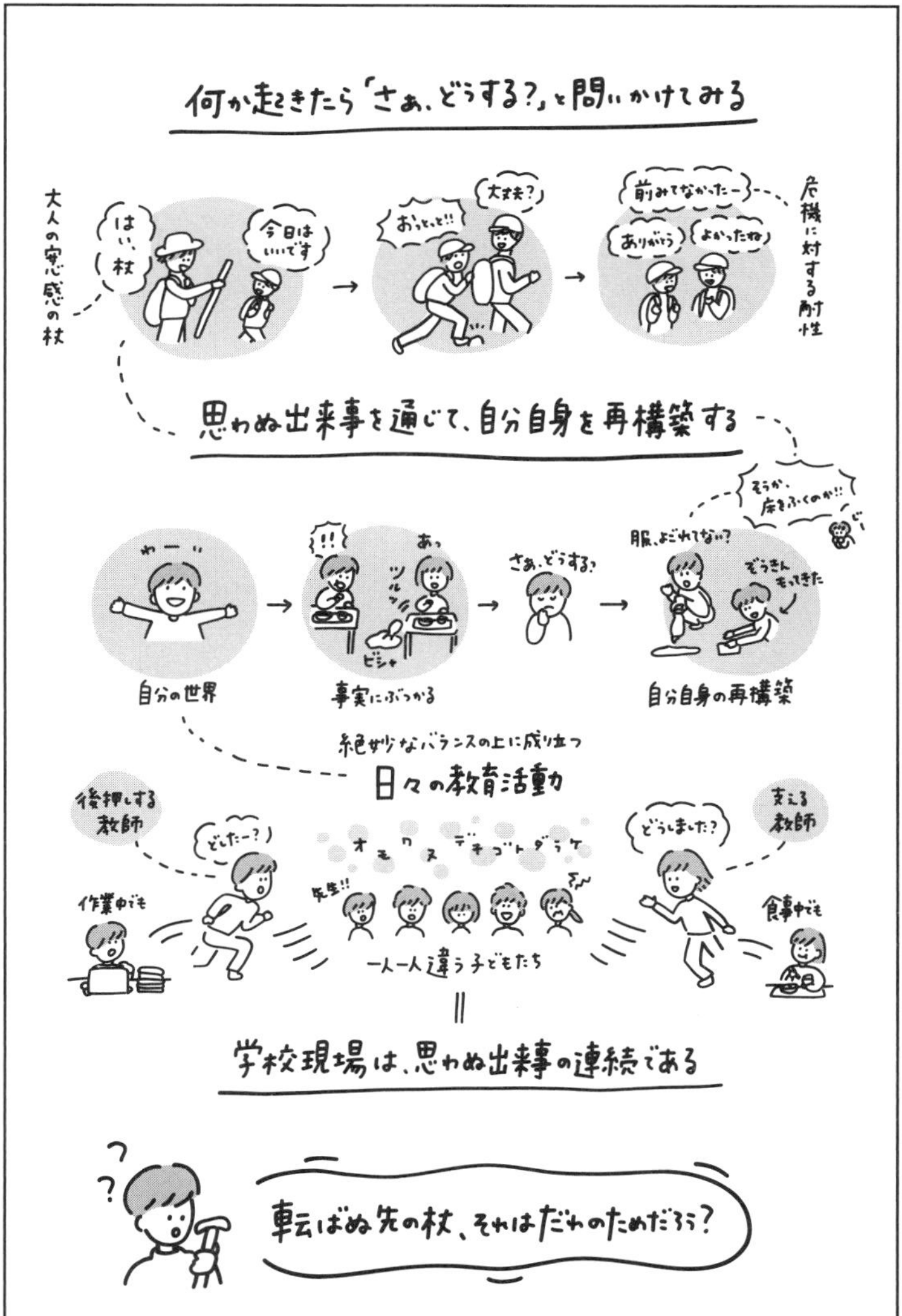
何か起きたら「さあ、どうする？」と問いかけてみる
大人の安心感の杖
はい、杖
今日はいいです
おっとっと!!
大丈夫？
前みてなかったー
ありがとう
よかったね
危機に対する耐性
思わぬ出来事を通じて、自分自身を再構築する
そうか、床をふくのか!!
わーい
!!!
あっ
ツルン
ビシャ
さあ、どうする？
服、よごれてない？
ぞうきんもってきた
自分の世界
事実にぶつかる
自分自身の再構築
絶妙なバランスの上に成り立つ
日々の教育活動
後押しする教師
どしたー？
オモワヌデキゴトダラケ
先生!!
作業中でも
一人一人違う子どもたち
どうしました？
支える教師
食事中でも
＝
学校現場は、思わぬ出来事の連続である
転ばぬ先の杖、それはだれのためだろう？

仲間と語り合い学び合うラウンド・スタディという研修手法

授業の事後研究会でのことです。私は助言者として参加していました。当時、ワークショップなどといった参加型の研修方法などを取り入れている学校は少なく、私が参加した研究会もおよそ次のような進行でした。

①授業者が自省する。
②授業の記録者が、気にかけていた子どもの様子などを中心に発表する。
③あらかじめ示された視点に基づいた提案授業について意見を交換する。
④助言者が話をする。

右のような昔ながらの進行そのものを否定するつもりはありません。ただ、どうしたわけか、参加者による意見交換があまり活発にならないことが多いように思います。司会者がうながしてようやく手が挙がる。一言、二言授業の感想を言う。それに続けて、「ほかにありませんか?」と司会者が再びうながす。この繰り返しです。なかには、一人で蕩々と語りはじめる方もいますが、「助言者（または講師）にお話しいただく時間が来ましたので…」と参加者の意見交換が打ち切られます。このときもそんな案配でした。

そこで私は、「せっかくですので、（助言者としての私の話ではなく）みなさんお一人お一人、考えられたことを順番に発言してみませんか」と切り出しました。すると、どの方も遠慮がちに発言しはじめました。

最後の発言者は、若い養護教諭でした（職階は講師でした）。その先生の発言は、この授業の核心をつくもので、それを手掛かりにすれば、授業者のみならず先生方の学び合いが深まるのではないかと感じました（発言を全員に求めていなかったら、教諭ではない先生の考えまでは聞くことができなかったかもしれません）。

同じ一つの授業であっても、参観者に直接聞いてみないとわからないものです。ある先生は授業者の指示の仕方に関心を寄せているかもしれないし、ある先生は子どもの表情の変化を注視しているかもしれません。教師としての自分自身の課題意識によって授業を観る視線はおのずと変わるからです。

このように参加者の多様な見方・考え方を生かせる授業研究の場をつくれないものか、そう考え続けた末にたどり着いたのが「ラウンド・スタディ」（Round Study）でした。

この「ラウンド・スタディ」は、ワールド・カフェ方式にヒントを得てアレンジした手法で、言葉そのものは私の考えた造語です。京都大学の教育研究開発フォーラム(E.Forum)の場で試験的に行う機会を得たところ、「先生、今日みんなでやった話し合い、とてもおもしろかったから、なにか形にするといいですよ」という石井英真先生の言葉に後押しをされ、本格的に取り組むことにしました(ワールド・カフェ方式を日本に紹介した香取一昭さんにもお会いして、ラウンド・スタディとの相違点などを確認いただく機会を得ることもできました)。

ラウンド・スタディは、6つのラウンドから成り立っています(資料1)。

ラウンド0は、参加者同士の語り合いを通してなにを明らかにしていくのか、課題やテーマを共有しながら、参加者同士がリラックスできるようにアイスブレーキングをします(はじめて参加する人が多ければ、まずラウンド・スタディについて説明します)。ラウンド1からラウンド3までは、3人か4人の小グループに分かれ、1枚の模造紙を使って活動します(5人にすることはしません。一人一人が十分に話すことができなくなるからです)。

ラウンド1は、課題やテーマについて自由に語り合います。その際、「授業者の指導はどうだったか」ではなく、「どのような子どもの姿が見られたのか」を軸にして、それぞれ考えたことや感じたことを出すようにするのがコツです。

自分が語ったことは、マジックで模造紙に書き込みます。メモ書き程度でよく、絵や記号にしてもかまいません。それぞれが口にしたことを形あるものに残すのが目的です

資料１　Round Studyを構成する６つのラウンド

さあ、Round Studyをはじめよう！	全体の流れ
展開	会話から新しい知が生まれる。その確信に基づいてRound Studyは行われます！
Round 0 参加者全員 10分	□本研修の目的（明らかにしていきたいこと）を示します。 □Round Studyについて（展開とマナー）の説明をします。 □アイスブレーキング
Round 1 グループ 10分	□テーマについて、各々が自分の考えを伝えます。 □「かきながら話す」ことを心掛けましょう。 □まず、とにかく同じグループの人たちとの会話を楽しみましょう。
Round 2 グループ 10分	□ホストを残して席を移動します。 □ホストは、訪れた人にRound1の様子を模造紙を見ながら伝えます。 □比べたり、つなげたりしながら、語り合います。
Round 3 グループ 10分	□Round 1のときの席に戻ります。 □テーマについて、グループとしての意見を短冊にまとめます。 □（例）授業の魅力を青色の短冊に、課題を黄色の短冊にかきます。
Final Round 参加者全員 15分	□短冊を示しながらグループごとに発表します（各グループ90秒）。 □示された短冊をボード上で分類・整理します。 □それを見ながら、全体でまた語り合います。
Round E 参加者全員 5分 〈後日〉	□「パフォーマンス評価」「自由記述」を用いて、Roundの振り返りをします。 □評価シート、討議の内容等から、Round Studyの成果をニュースペーパーにまとめ、後日、配付します。 □評価・分析から、次のRound Studyのテーマを設定します。

Roundのマナー

経験や肩書きにしばられないこと
全員に話す機会が与えられること
すべての意見が、まず、受容されること

石井英真・原田三朗・黒田真由美編著『［Round Study］教師の学びをアクティブにする授業研究』東洋館出版社、2017年、p.19より転載

資料２　各メンバーがかき込んだ模造紙

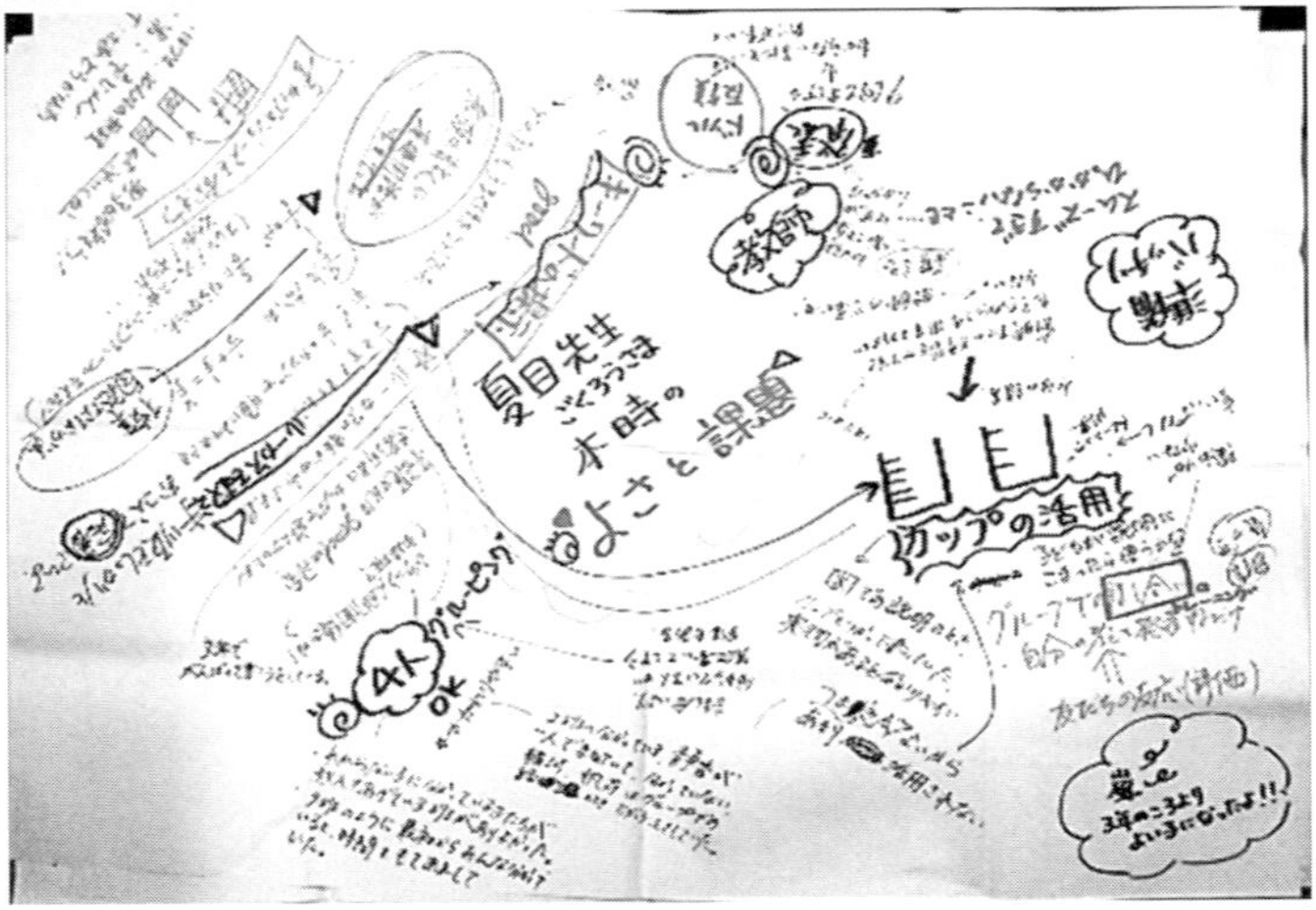

石井英真・原田三朗・黒田真由美編著『［Round Study］教師の学びをアクティブにする授業研究』東洋館出版社、2017年、p.20より転載

（資料２）。

かきながら話すのはなかなかむずかしく、慣れていないうちは各グループのホスト役が代わりに行うのでもよいでしょう。

ラウンド２は、席替えをして（ホスト役を除き、グループメンバーをシャッフルして）再び意見を交わし合います（資料３）。

ホスト役は、他のグループから訪れた新しいメンバーを迎え、ラウンド１でどのような意見が出たのか、模造紙を手掛かりにしながら説明します。その後、ラウンド１のときと同じように、新しいメンバーで意見を出し合い、つど模造紙にかき込んでいきます。

資料３　ラウンド１から２への席替え

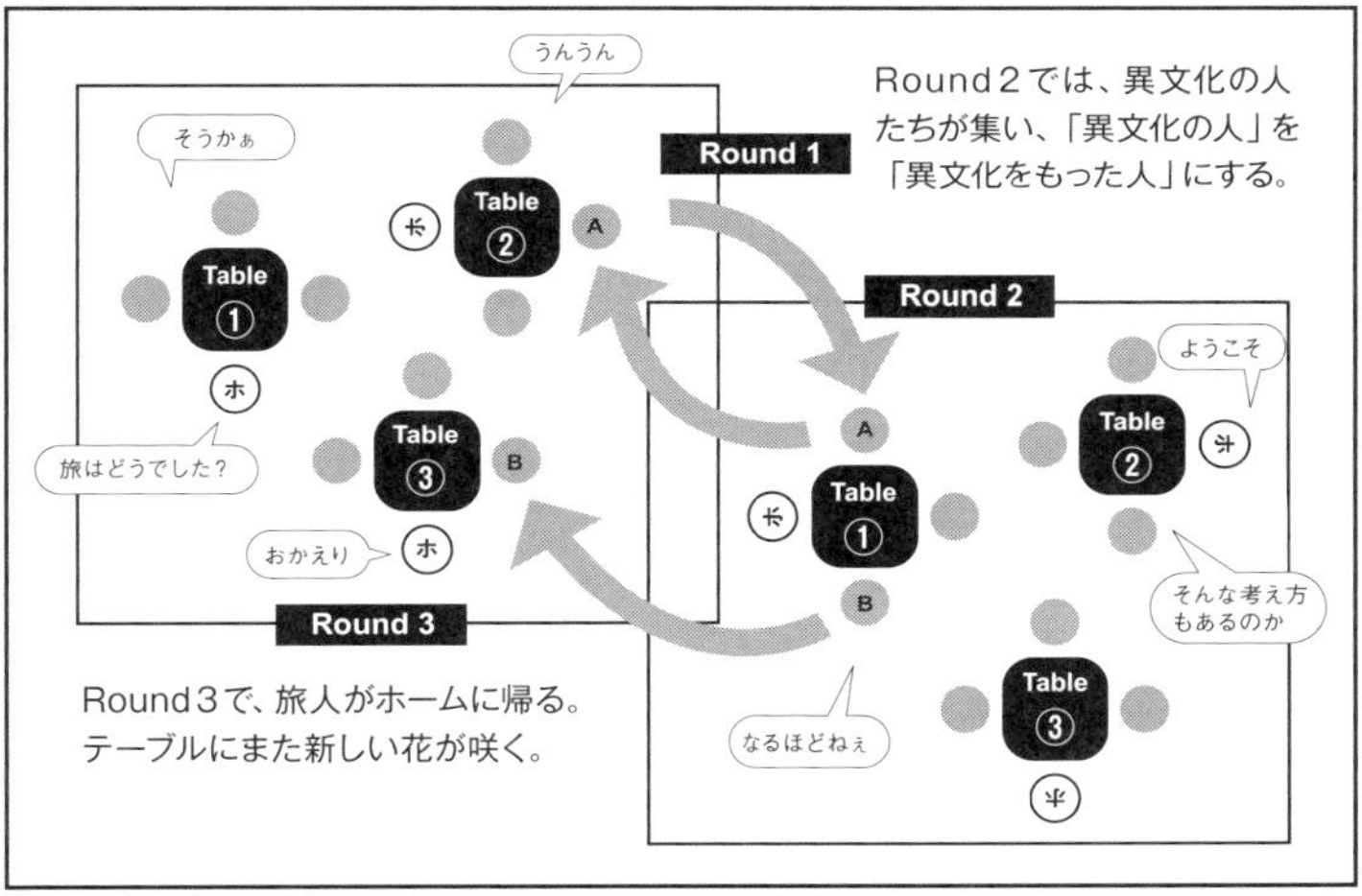
Round２では、異文化の人たちが集い、「異文化の人」を「異文化をもった人」にする。
Round 1
Round 2
Round 3
うんうん
そうかぁ
Table ①
Table ②
Table ③
旅はどうでした？
おかえり
ようこそ
そんな考え方もあるのか
なるほどねぇ
Round３で、旅人がホームに帰る。テーブルにまた新しい花が咲く。

石井英真・原田三朗・黒田真由美編著『[Round Study] 教師の学びをアクティブにする授業研究』東洋館出版社、2017年、p.20より転載

ラウンド3は、ラウンド1のテーブルに戻り、ラウンド2で語り合ったことをそれぞれメンバーに伝え合います。そのうえで、課題やテーマに対して自分たちのグループはなにを発信するのかを考えて2つの短冊にまとめます。

語り合ったことはすべて模造紙にかいてあります。それをみながら、2つの短冊に書く言葉を決めます（文章化してもよいし、キーワードでもかまいません）。

この場面は、メンバー間の知を創出することが目的なので、より協働的に語り合うことが大切です。加えて、発表の仕方についても考えます。

ファイナルラウンドは、各グループがまとめた短冊の内容を全体に向けて発表

し合う活動です。目安は15分程度ですが、グループ数が多いと、制限時間を設けざるを得ないこともあります。しかし、各グループが発表する内容はどれもユニークに富んだものとなるので、時間の許す限り行えるようにしたいものです。

各グループの短冊は、黒板やホワイトボードに貼って分類します。参加者全体の意見を聞きながらファシリテーター（研究主任など）が分類します。そうすることで、先生方がどのようなことを語り合い学び合っていたのか、その全体像が見えてきます（私がファシリテーターとなってラウンド・スタディを行う際には、本書の各項でグラフィック・レコードを描いてくださっている北浦菜緒さんにグラフィカルにまとめていただいています）。

ラウンドEは、評価のラウンドです。ルーブリックを作成し、次の4項目について自己評価します。

●課題の探究①：語り合った内容について評価
●課題の探究②：ラウンド・スタディという手法そのものについて評価
●探究創造的学び：自分自身の学びについて評価
●コミュニケーション：対話そのものについて評価

右に述べたのは、いわばフォーマットのようなもので、変更可能です。とくにファイナル・ラウンドからラウンドEにかけての展開は、その学校、そのメンバーにとってやりやすい方式にアレンジすることをお勧めします。自分たちに向かない型にはめてしまうと、せっかくみんなで語り合って生まれた学びが薄れてしまうからです。

さて、ラウンド・スタディには、次の副次的な効果もあると私は考えています。

- 普段あまり発言しない教師、みんなの前で発言することに抵抗がある教師、発言したいことはあるけど分不相応なのではないかと躊躇してしまう教師なども発言できるようになる。
- 心理的安全性が確保される（自分の考えが否定されないなど）。
- 発言しにくい空気がそもそも生まれない。
- 自分たちが語り合い学び合ったことを可視化できる。
- 研究指定を受けた3か年の継続した研究の際にも効果的である。
- とにかく研修が楽しくなる。

東京都の小学校に勤める伊東大介先生は、勤務校で毎年5～7回程度ラウンド・スタディを行っています。

彼は、「繰り返し行うことで、教師間のコミュニケーションや職員の雰囲気がよくなっていった」と言います。「あるとき、普段会話さえろくにしないA先生とB先生が熱く子どもの様子について語り合っている姿を見たときは本当に驚きました」とも。その話を聞いて私は、ラウンド・スタディらしい象徴的なコメントであるように感じました。

ラウンド・スタディは、2017年に書籍化されたこともあって（石井英真・原田三朗・黒田真由美編著『Round Study～教師の学びをアクティブにする授業研究～』東洋館出版社、2017年）、その後の活用場面は、どんどんと広がりを見せています。その一つに、授業において子どもたちが行うラウンド・スタディがあります。

総合的な学習の時間では、自分たちの探究課題を見いだしたいとき、活動が行き詰まって突破口を見いだしたいときなど、課題の見いだし・解決の場面でラウンド・スタディは大いに役立ってくれます。ほかにも、国語や算数などの教科でも活用できる場面はたくさんありますし、児童会や生徒会活動でも活用できます。いずれも、たくさんの友達の考えを知ることで自分の考えを深めたり、自分一人では思いつかなかった新しい発想をみんなと共有したりする際に有効な手法なのです。

私は現在、「f-café」と称する実践を行っています。私と前述した北浦さん、そして数人の仲間たちとともに立ち上げた会です。「f-café」のfは「ふぞろい」のf。年齢・性別・立場を越えていろいろな人たちが、心理的安全性のなかでゆるくつながり、自由闊達に語り合う場をつくるのが目的です。

スタッフは企業人たちで、参加者は学校の先生方だけでなく、高校生や大学生、ときには小学生が参加することもあります。題材は、戦後間もないころの教科書や絵本など本当にさまざまです。『ぐりとぐら』を題材にしたときには、ぐりとぐらがつくったフライパンのホットケーキを実際につくり、絵本に登場する動物たちと同じようにみんなで食べながら語り合いました。

「f-café」は岡山県を中心とする活動ですが、私の勤める大学の施設をはじめとして、倉敷の「語らい座・大原本邸」、瀬戸内市の国立ハンセン病養所「長島愛生園」常設のカフェ「さざなみハウス」、備前市の特別史跡・旧閑谷学校の講堂（なんとここは国宝）など、いろいろな場所を借りて開催しています。もちろん、学校にお邪魔して行うこともあります。

先日は、愛知県豊橋市立高師小学校の研究発表会で行われました。大きな学校で、参加者は３００名を超えていましたが、すべての分科会をラウンド・スタディ形式にしたのです。全体放送で簡単に方法を伝え、あとは授業者と助言者を中心に、授業を参観した先生方同士で語り合いました。どの分科会でも、先生方は熱を帯びた表情を浮かべ、笑い声が飛び交っていました。

これまで、ずいぶんと長い間ラウンド・スタディに取り組んできましたが、参加者からきまって聞こえてくる声があります。それは、「自分とは違う見方や考え方に驚かされる」というものです。

同じ授業を参観しても、同じ絵本や資料を読んでも、そこからなにを感じ取ったのかは本当に千差万別です。言葉にすれば〝なにをいまさら当たり前のことを〟などと思われるかもしれませんが、その当たり前を〝たしかにそのとおりだ〟と実感させてくれるのが、ラウンド・スタディなのだということです。

そしてこの「自分とは違う見方や考え方」こそが、個々の学びをつくり出す大切な糸口となり、その違いが反応し合うことで、一人の力では思いつかなかった新しい発想が生まれるのです。それを感じ取れるからこそ、だれもが自分の考えを熱く語りたくなり、もっともっと他の人の考えを聞きたくなります。学びが楽しくてたまらなくなるのです。

そうした学びの場を後にしたとき、参加者が手にするのは「問い」です。そう、ラウンド・スタディは、唯一無二の「答え」（正解）を出す手法ではなく、ポジティブで建設的に自分を動かす源となる「問い」を獲得する手法だとも言うことができるでしょう。

最後に、高師小学校の「研究だより」を掲載し、本項の締めとします。

資料4　「研究だより」（愛知県豊橋市立高師小学校）

Show Time

高師小研究便り
No. 4
令和3年12月13日(月)

Round Study　～振り返り～　1年　S先生　研究授業

	子どもの姿	協議会の手法	教師個人の学び	コミュニケーション
5	本時の研究授業や協議会を通して，研究に関する手だてを講じた際の子どもの姿がたいへん明確になった。	Round Study という手法は，本時の授業を視点に基づいて分析していくためにたいへん有効であった。	多くの刺激を受け，明日からの教育活動や学習を進めていくたいへんよい学びの場となった。	会話や議論を大いに楽しむことができた。
4	本時の研究授業や協議会を通して，研究に関する手だてを講じた際の子どもの姿が，まずまず明確になった。	Round Study という手法は，本時の授業を視点に基づいて分析していくためにまずまず有効であった。	いくつかの刺激を受け，明日からの教育活動や学習を進めていくよい学びの場となった。	会話や議論をまずまず楽しむことができた。
3	本時の研究授業や協議会を通して，研究に関する手だてを講じた際の子どもの姿が見えてきた。	Round Study という手法は，本時の授業を視点に基づいて分析していくために有効であった。	明日からの教育活動や学習を進めていくための学びの場となった。	会話や議論を楽しむことができた。
2	本時の研究授業や協議会を通して，研究に関する手だてを講じた際の子どもの姿が不明確になった。	Round Study という手法は，本時の授業を視点に基づいて分析していくためにあまり役立たなかった。	新しい学びは，あまりなかった。	会話や議論をあまり楽しむことができなかった。
1	本時の研究授業や協議会を通して，研究に関する手だてを講じた際の子どもの姿がますますわからなくなった。	Round Study という手法は，本時の授業を視点に基づいて分析していくためにほとんど役立たなかった。	新しい学びは，ほとんどなかった。	会話や議論をほとんど楽しむことができなかった。
	4.1（65/80 p）+0.4	4.5（72/80 p）	4.4（71/80 p）+0.2	4.4（70/80 p）+0.3

メンバーの感想

役割演技は，子どもたちのやる気も出るし，気持ちを考えるきっかけになり，有効な手だてと感じました。自分の授業でも実践したいです。

道徳の授業において“深める”というのがどういうことかすごく難しいなと思いました。教科書通りの授業をやってしまうことが多いですが，今日学んだことをしっかり生かしていきたいと思いました。

ちゃんと授業を見て，協議することは，何回やっても学びがあると思いました。そして，学んだことをすぐに実践してみないと，忘れたり，意識がうすれたりするので，意味ないと思いました。

もっといろいろな先生の考えが聞きたいので，Round 2 で積極的に動きます。ありがとうございました。時間が許されるのであれば，Round 2 を2回やりたいぐらいです。

自分もそうだが，「しかけの方法」や「構想について」の協議が入ってしまうので，本時において目的に達するための効果的な「しかけ」の出し方を考え，授業者を尊重した協議にしたい。

ホストの総評

今年度，3回目の Round Study でした。前回より，全体的にポイントは上がりました。少しずつ，学びが深まっているのではないかと思います。

今回は，まずは「しかけ」のことについて，それぞれのグループで活発に話されていました。ポイントは2つあるように感じました。まず，一つはしかけ自体についてです。しかけ自体が，本時の目標に迫るものであったかです。もう一つは，しかけにつなげるための，子どもの思考や流れです。それぞれ重要だと思いますが，後者の方がより大切なのではないかなと，多くの先生の話を聞いていて感じました。というのも，大抵の場合は，しかけ自体に大きな問題があるというより，そこにどう繋げるかが結果的に大きな影響を与えているのではないかなと感じているからです。もちろん，個人的な意見です。また，授業づくり部会を通して，さらに考えていきたいと思います。

また，感想のなかに，「原因の考察をすることの重要さがわかったが，それを話し合う方法が難しいと感じた。言葉やイメージ図で理解できない子には，どのような支援があるとよいのか……」。がありました。このことについては，クラスで多様な子がいる上で，常に考えていく必要のあるものだと思います。研究授業ではなかなか時間の余裕もないので厳しいですが，日頃であれば，「わからない」と言えたり，何度もチャレンジし考える機会があったり，何度も説明してもらえたり（先生に限らず）と，一回ではなく何度も関われるとよいなと思います。これも時間が問題ですが。今回の協議会もとても有意義な時間になりました。ありがとうございました。

坂口研究主任作成

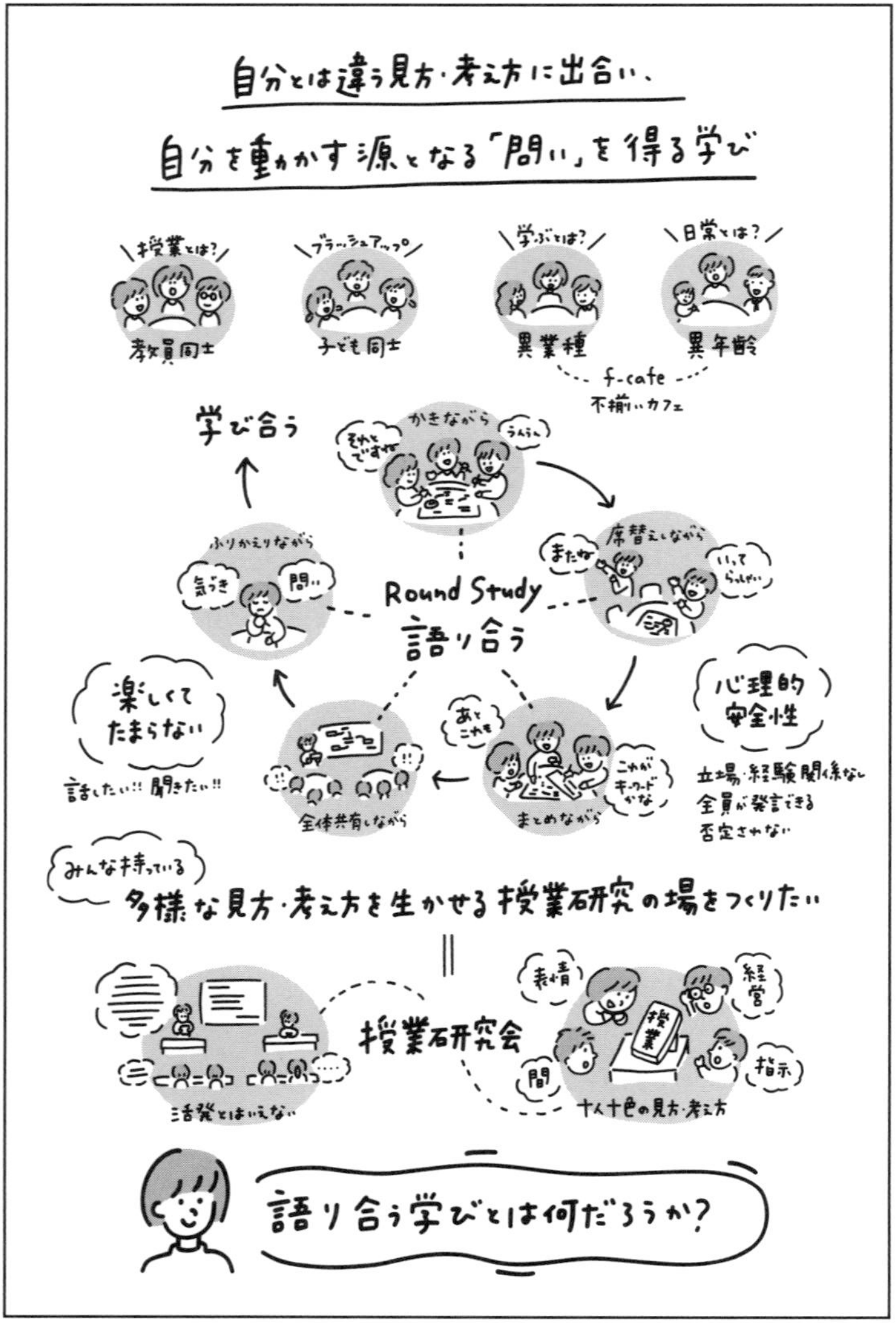
自分とは違う見方・考え方に出合い、
自分を動かす源となる「問い」を得る学び
授業とは?
ブラッシュアップ
学ぶとは?
日常とは?
教員同士
子ども同士
異業種
異年齢
f-cafe
不揃いカフェ
学び合う
かきながら
それとですね
うんうん
席替えしながら
またね
いってらっしゃい
ふりかえりながら
気づき
問い
Round Study
語り合う
楽しくてたまらない
話したい!! 聞きたい!!
心理的安全性
立場・経験関係なし
全員が発言できる
否定されない
あとこれも
これがキーワードかな
全体共有しながら
まとめながら
みんな持っている
多様な見方・考え方を生かせる授業研究の場をつくりたい
授業研究会
活発とはいえない
表情
経営
授業
問
指示
十人十色の見方・考え方
語り合う学びとは何だろうか?

第３章

子ども論

うん、きみ わるくないよ

『たまごにいちゃん』という絵本があります。

たまごの殻の中にいるたまごにいちゃんは、たまごから出るのがいやでたまりません。弟のほうは卵の殻を割ってひよこになっているのに、そんなことはお構いなし。卵の中から手と足を出して、動物たちの間を飛び回ったり、母親のおなかの下で眠ったりしています。母親も、そんなたまごにいちゃんを優しく見守っています。

ある日、とある出来事がきっかけで大切なたまごの殻にひびが入ってしまいます。たまごにいちゃんは、「ぼく、ほんとのおにいちゃんになっちゃう」と夜も寝られません。しかし、朝になると、たまごにいちゃんの殻は割れてしまっていました。

この物語は、こんな言葉で終わりを告げます。

みずたまりにうつった
じぶんの すがたを みました。
もう かわいい たまごでは ありません。

でも、おもったより かっこいい じぶんが
たっていました。
「うん、きみ わるくないよ」
みずたまりの なかの じぶんに
そっといいました。

（あきやま ただし著『たまごにいちゃん』鈴木出版、２００１年より）

平成29年に公示された『小学校学習指導要領解説　生活編』では、「一人一人の認識」という表現が5回ほど登場します。一例を挙げると、次のとおりです。

　気付きとは、対象に対する一人一人の認識であり、児童の主体的な活動によって生まれるものである。

「一人一人の認識」と言う以上、一般通念や常識といったものとは根本的に異なる概念であることがわかります。生活科においてなぜ、その子の「思いや願い」が大切にされているのか、その理由がここにあります（「思いや願い」という表現は64回登場します）。

「風とあそぼう」という学習をしていたときのことです。子どもたちは、ごみ袋をつなげたり、グニャグニャ凧をつくったりして、ダイナミックに風と遊ぶ方法を考えていました。そのようななか、ある子が、「先生、飛んだ、飛んだよ！」と言いながら駆け寄ってきました。

その子の手には、白い紐で結びつけられた葉っぱが1枚。「見て見て！」と言いながら、紐の端っこを握って運動場に駆け出しました。すると、葉っぱは、その子の肩からお尻の高さのあたりを頼りなさげにふわふわしています。

「ね、先生。飛んだでしょ！」

満面の笑みを浮かべ、私にそう言いました。

「あぁ、飛んだね。すごいね」と相槌を打ったものの、〝あれで飛んだと言えるのかな〟と思っていた私は、心から共感することはできませんでした（そんな私の気持ちを彼はきっと見抜いていたに違いありません）。

彼が去った後、運動場の左端にある大きなケヤキが目に留まりました。そのときふいに、彼の思いに気づくことができたのです。

この大ケヤキは、学校のシンボルです。卒業式の日の集合写真は、このケヤキの前で撮ります。秋になると、北風に揺れながら、たくさんの葉っぱを高く高く舞い上がらせます。彼が紐に結びつけていたのは、このケヤキの葉っぱでした。きっとケヤキの葉っぱが高く舞い上がる姿を見たことがあったのでしょう。

「ケヤキの葉っぱは飛ぶんだ。ボクも飛ばしてみたい！」

それが彼の思いであり、〝紐を結んで走れば飛ばせるのではないか〟と思いついて、やってみたら「飛んだ、飛んだ！」このとき、彼の願いは実現したのです。この「飛んだ」という認識、そして喜びは、彼の確かな思いや願いに支えられていたのです。

ここに一つの自己実現があります。

〝こうなったらいいな〟と思いをもち、その実現のために活動し、願いが実現する。あるいは、思ったようにうまくいかず、ああでもない、こうでもないと試行錯誤しながら再び活動する。この繰り返しは、客観的な基準によるものではなく、その子がどんなことを思い、なにを願ったかという、その子自身の基準によるものなのです。

このように、「一人一人の認識」を大切にするということは、子どもたち一人一人の思いや願いに基づいてそれが具現されること、すなわち、その子なりの自己実現を大切にすることにほかなりません。これが、生活科の学びの本質なのだと私は思います。

＊

たまごにいちゃんは、卵の殻の中にいるうちは、自分の姿を客観的にとらえることができません。卵の殻が割れ、水たまりに映った自分を見たときにはじめて、自分がどんな姿をしているのかを知ることになります。

たまごにいちゃんのまわりには、母親や弟をはじめとして、彼をあたたかく見守るたくさんの動物たちがいます。子どもたちも同じです。周りの人たちによる見守りや支えのなかで、小さな自己実現を積み重ねることができた子どもたちは、水たまりに映った自分に、きっと、こう言えるようになるのではないでしょうか。

うん、きみ わるくないよ。

2年生から3年生ごろの子どもは、母親との精神的な紐帯が切れ、自己の誕生を迎えるといわれます。シュタイナー教育では、それを「ルビコンを渡る」と言います。

3年生になると、クラス担任の先生だけでなくほかの先生たちも子どものふるまいやしぐさがどことなく変わったことに気づきます。シュタイナーは、九歳の子どもの状態を「ルビコンの時期がやってくる」と表現します。これは、かつてシーザー王が

「賽は投げられた」と言った言葉のごとく、北イタリアの小さなルビコン川を渡り、本当は向かうべきではないローマへと遠征し、自分の領土を拡大しようとした、その決定的な川に由来しています。ルビコンを渡るという言葉は、ある決定的な一歩を踏み出すことのたとえでもあります。つまり、九歳の子どもは自分の一生の進路において、決して引き返すことができない決定的な一歩を踏み出す時期にあるのです。（中略）この時期、ある意味で、子どもは「楽園」から追放されます。子どもたちは、「地上」に向かって、まったく新しく進んでいかねばなりません。（傍線は筆者）

（ヘルムート・エラー著、鳥山雅代訳『人間を育てる――シュタイナー学校の先生の仕事』トランスビュー、２００３年）

新たに誕生した自己を、だれよりもまず自分自身で大切にできるようにしたい。そのためには、低年齢期にできるだけ多くの小さな自己実現を体験させたいと思います。やがて自己を客観的に見られるようになったとき、（たまごにいちゃんのように）「うん、きみわるくないよ」と自分自身に言葉をかけられるようになっていたら、本当に素敵ですよね。

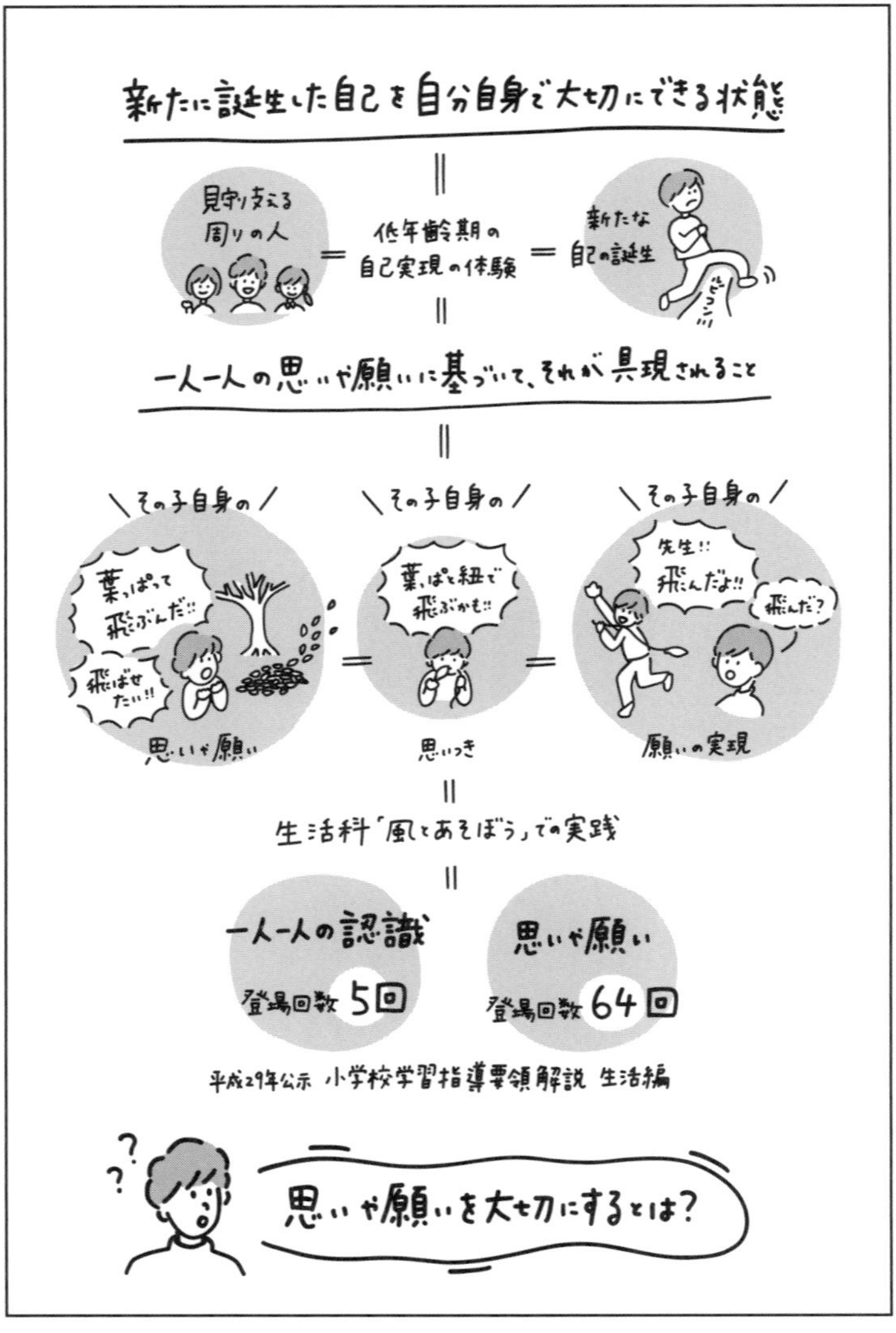
新たに誕生した自己を自分自身で大切にできる状態
見守り支える周りの人
低年齢期の自己実現の体験
新たな自己の誕生
一人一人の思いや願いに基づいて、それが具現されること
その子自身の
葉っぱって飛ぶんだ!!
飛ばせたい!!
思いや願い
その子自身の
葉っぱと紐で飛ぶかも!!
思いつき
その子自身の
先生!! 飛んだよ!!
飛んだ?
願いの実現
生活科「風とあそぼう」での実践
一人一人の認識
登場回数5回
思いや願い
登場回数64回
平成29年公示 小学校学習指導要領解説 生活編
思いや願いを大切にするとは?

不揃いのソロイ

松岡正剛著『神仏たちの秘密―日本の面影の源流を解く』(春秋社、2008年)に、こんな一節があります。

日本で初めて器に独自のセット感覚をもちこんだのは古田織部でしたが、五客の向付の文様が一見揃っているようでいて、よく見ると一つひとつが形も文様もちがうというふうになっています。むしろ不揃いなのにソロイになっている。これこそ日本の方法の秘密です。ところが、現在の日本はこれがうまくできなくなっている。世界のスタンダードに合わせて、何もかも同型、同質に揃えようとしているし、ミニマムなシンプル・デザインが流行して、文様の扱いも超ヘタクソです。

この一節を読んだとき、法隆寺の連子格子(回廊の側面の窓に付けられている柵のようなもの)のことを思いました。西岡常一著『木に学べ―法隆寺・薬師寺の美』(小学館、1988年)によると、次のように説明されています。

格子の木は一本ずつ全部違います。太いものもあれば、細いのもある。四角なものも菱形もありますな。木を割って作ったんですから、同じようにはなりませんな。一本一本が違った性質なんやから、同じ形にしたら無理がでますわ。ですから、そうしないで、それぞれの特徴を見抜いて、一本ずつの個性を活かしてやってるんですな。そうして全体のバランスをうまく取ってやる。一見すると荒っぽくて、雑に見えますけど、実によく考えてあります。

まさに松岡さんの言われる「日本の方法の秘密」です。この本を読んでからというもの、法隆寺に行って連子格子を見るたびに、それぞれ曲がった不揃いの木を、連子格子という一つのものに仕立ててあることに感心させられます。まさに、飛鳥の宮大工の技と心意気ですね。

学校教育という営みもまた同じ。人は不揃い、一つとして同じ形はありません。学級づくり・授業づくりを通して、子どもたち一人一人の個性を活かしながら、ソロイという調和へと編み上げていく、そうした営みだと思うのです。

そうであるにもかかわらず、学級づくりも授業づくりも横一線にスタンダード化されて、金太郎飴みたいにどこの学校も同じ顔をしているようになってしまったなら、空恐ろしい。

たとえ、全体が整っているかのように見えたとしても、子どもたちはきっと自分の歩む道を見失ってしまうでしょう。一人一人が同じ役割を果たすだけの歯車になってしまうのですから。

「協働」だとか「調和」だとかというとき、私たちが目を向けるべきは、全体ではなく個なのです。だから私たち教師は、全体の統制を取るための器に子どもたちを押し込んでいないか、子どもたちが本当にしたいことをあきらめさせていないかと、常に顧みる必要があるように思います。

法隆寺宮大工の口伝に、こんなものがあるそうです。

塔組みは、木組み
木組みは、木のくせ組
木のくせ組は、人組
人組は、人の心組
人の心組は、棟梁の工人への思いやり
工人の非をせめず、己れの不徳を思え

協働、調和で目を向けるべきは
全体ではなく個
子どもが、本当にしたいことをあきらめて全体に合わせようとしていないか？
一人一人の個性
学級づくり、授業づくり
調和
日本の方法
松岡正剛氏
世界のスタンダードと同質同型
同型同質でない不揃いのソロイ
一つひとつが形も文様も違う
一本一本の木の特徴を見抜き活かす
古田織部　五客の向付
法隆寺の連子格子
人は不揃い、一つとして同じ形はない
協働、調和で目を向けるべきは？

知ることは感じることの半分ほども重要ではない

『センス・オブ・ワンダー』(レイチェル・カーソン著、上遠恵子訳、新潮社、１９９６年)は、私の周囲では「生活科のバイブルの一つだ」と言われていました(「自然を愛する心情」を教科目標にもつ理科が大好きな先生方にとってもそうでしょう)。

この本は、アメリカの海洋生物学者であったレイチェル・カーソンが、姪の息子のロジャー(原文では甥のロジャーとなっているのだそうです)と一緒に、海辺や森のなかを探検し、星空や夜の海をながめた経験を綴ったものです(雑誌原稿でした)。

レイチェルは、書籍にしようと考えていたそうですが、実現する前に亡くなってしまいます。その後、友人や写真家たちによって原稿が整えられ、１９６５年に初版となる『THE SENSE OF WONDER』の原書が出版され、１９９８年には写真集ともいえるような大型の改訂版が刊行されました。

この大型版が、私の手元にあります。表紙をめくるとまず、重なって地面につもる枯れた広葉樹の葉と１枚の緑のシダの葉の写真。次の頁は見開きでオレンジに染まった雲。さらに次の頁は緑のなかの鳥の巣と青色の３つの卵。その対向ページにようやく『THE

SENSE OF WONDER』という中表紙が現れます。

この本は、子ども目線で「センス・オブ・ワンダー＝神秘さや不思議さに目を見はる感性」を体現しようとしているのだと思います。細かな苔やシダ、雪のなかの葉っぱ、氷、波打ち際の岩の間にいるヒトデ。大人なら見過ごしてしまいそうな何気ない自然の姿をとらえた写真がたくさん掲載されています。いずれもレイチェルとロジャーが、森や海辺を歩いて見つけたり心躍らせたりしたほんの小さな、身近な自然たちです。

こうした写真とレイチェルの文章は分かれて掲載されていることが多いのですが、なかには写真と文章の双方で構成されたページもあります。そこには、こんな言葉が綴られています。

It is not half so important to know as to feel.

この言葉こそ、レイチェルが多くの人たちに一番伝えたかったことなのではないかと思います。彼女は聡明な学者で、さまざまなデータを根拠にＤＤＴの害について警鐘を鳴らして世の中を動かしましたが、そんな彼女が、「知ることは、感じることの半分ほども重要ではない」と言っているのです。

この1文は、次のようにつづきます。

子どもたちがであう事実のひとつひとつが、やがて知識や知恵を生み出す種子だとしたら、さまざまな情緒やゆたかな感受性は、この種子をはぐくむ肥沃な土壌です。幼い子ども時代は、この土壌を耕すときです。

美しいものを美しいと感じる感覚、新しいものや未知なものにふれたときの感激、思いやり、憐れみ、賛嘆や愛情などのさまざまな形の感情がひとたびよびさまされると、次はその対象となるものについてもっとよく知りたいと思うようになります。そのようにして見つけだした知識は、しっかりと身につきます。

小学校1年生や2年生の子どもたちと共に過ごしていると、私も強く感じることです。春先、子どもたちと学校の周りをぶらぶらとお散歩するのはなんとも楽しいひとときです。なにもないように見える学校の近くの道でも、子どもたちは自分が発見した草花や石ころや虫を教えてくれます。

子どもたちの目の高さは、大人よりもずいぶんと低いので、大地の近くに子どもたちはいます。そうした大地から（大人には感じ取れないような）小さなメッセージを、身体全体で受け取っています。

「先生、先生、このお花なんて名前？」

こんな質問を受けるたびに、私は「名前をつけてごらん」と返していました。すると、みな嬉しそうに思い思いの名前をつけはじめます。

「次はその対象となるものについてもっとよく知りたいと思うようになります」

本当にレイチェルの言うとおりだなと思います。興味が湧けば子どもたちは自分で調べはじめるでしょう。そうした気持ちになるようなひと押しを、そっとしてあげればいい。「どうすればいい？」と尋ねられたら、そのときに調べ方を教えてあげればいい。

レイチェルは言います。ロジャーが「なにかおもしろいものを見つけるたびに、無意識のうちによろこびのこえをあげた」（共に発見のよろこびを分かち合った）、「いろいろな生きものの名前をしっかり心にきざみこむということにかけては、友だち同士で森へ探検にでかけ、発見のよろこびに胸をときめかせることほどいい方法はない、とわたしは確信しています」

「子どもたちの世界は、生き生きとして新鮮で美しく、驚きと感激に満ち溢れています。しかし残念なことに、わたしたちの多くは大人に近づくとともに澄みきった洞察力や、美しいもの、畏敬すべきものへの直観力を鈍らせ、あるときはまったく失ってしまったかのようです」

私が学生にこの本を紹介して感想を求めると、彼らは決まって「自分にはもうそんな感性はありませんが…」と言います。

はたしてそうでしょうか。大学生ともなると、感性はすでに失われてしまっているのでしょうか。私にはそう思えません。ただ、感性を働かせる場に身を置くことをしていないだけなのだと思うのです。

雨降る森に訪れてお散歩したり、懐中電灯をもって夜の岬を訪ねたりするレイチェルは、まるで、ロジャーと一緒に遊びまわっている子どものようです。学生たちも、そんな森や夜の海に出かければ、きっとたくさんの発見をし、子どものころのようにはしゃぎまわるのではないでしょうか。

そう考えると、そもそも大人と子どもの違いってなんだろうと思います。

だれもが、かつては子どもでした。身体全体で自然を受けとめ、自然に働きかけていました。そうした感性は、大人になるにつれて知識や言葉や見栄や体裁に追いやられ、心の奥底にしまわれてしまうのだと思います。しかし、それを表に出すことは、けっしてむずかしいことではありません。豊かな自然に身を置いて心ふるわせればいい。あるいは、小さな子どもとともに近所を散歩するのでもかまいません。

感動は味わえばいい、どう表現しようかなどと考えなくていい、記録に残しておく必要もない、ただ身体全体で嬉しい気持ちや楽しい気持ちを表せばいい、ということです。

私は以前、『センス・オブ・ワンダー』を題材にしてラウンド・スタディを行ったことがあります。冒頭の4頁を読み、感じたことや考えたことを自由に語り合う交流です。参加者は、勤めはじめて間もない社会人、大学生、高校生でした。彼らの発言に耳を傾けると、「子どもを美しく書きすぎている」と口にする人もけっこういて、意外に感じたことがあります。私は、〝小さな子どもと接する機会をもっていたとしても、彼らは同じように思うのだろうか〟と気になりました。

小動物などに危害を加えてしまう、手癖が悪い、癇癪を起こしてはだれかを傷つけてしまう、嘘をつくのをやめられない、友達と結託してだれかを貶めようとする子どもたちも、確かにいます。そんな子どもたちを頭に浮かべるのであれば、「この本では、子どもを美しく書きすぎている」という印象をもつのは無理からぬことなのでしょう。

しかし、そうした子のほとんどは、環境がそうさせてしまっているのです。逆に言えば、子どもたちが自ら心の扉を開きたいと思える環境（他者との豊かなかかわり）に身を置くことさえできれば、彼らの特異な（大人の目にはそう見える）行動は形を変え、その子本来の感性をみずみずしく働かせてくれると私は思うのです。

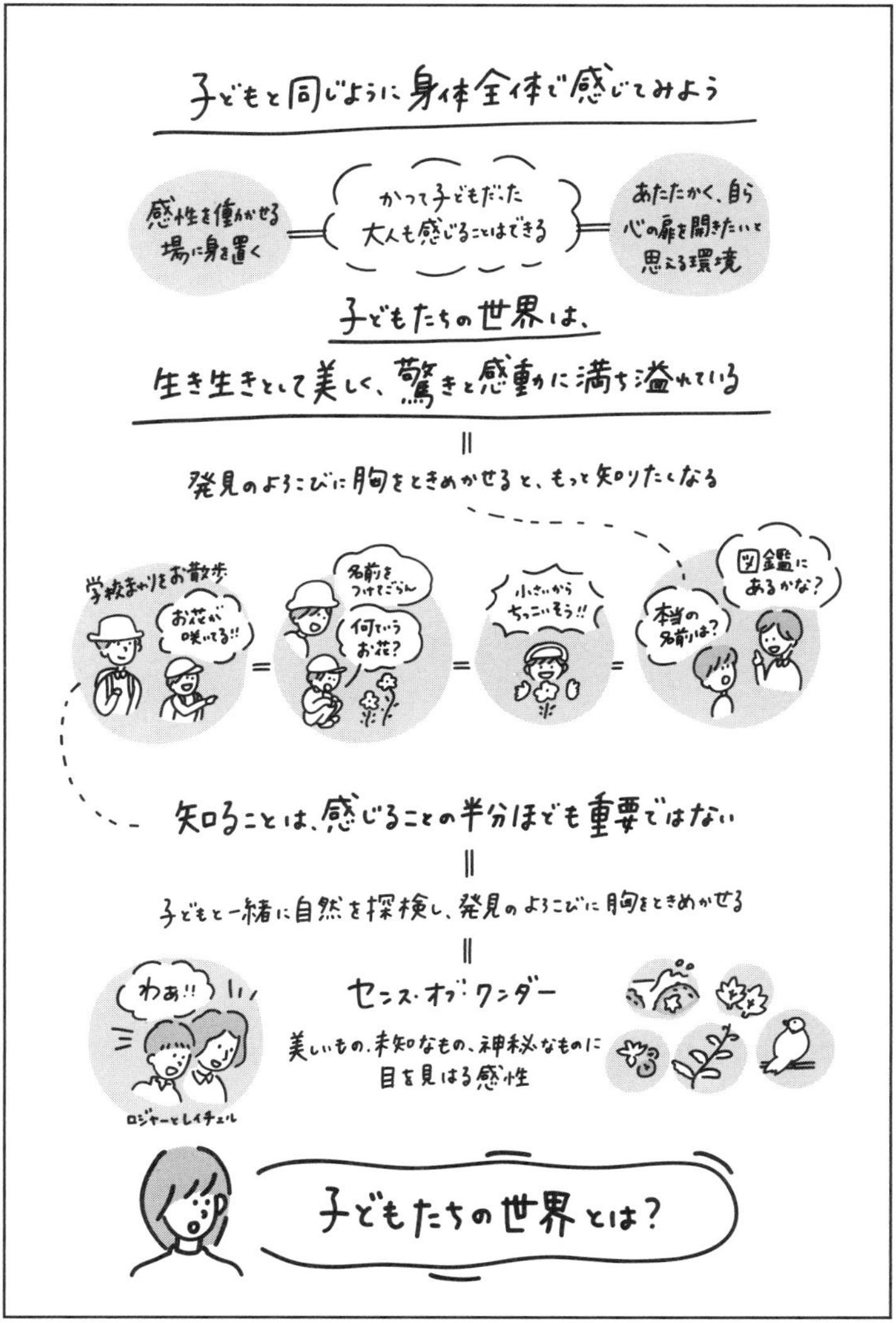
子どもと同じように身体全体で感じてみよう
感性を働かせる場に身を置く
かつて子どもだった大人も感じることはできる
あたたかく、自ら心の扉を開きたいと思える環境
子どもたちの世界は、
生き生きとして美しく、驚きと感動に満ち溢れている
発見のよろこびに胸をときめかせると、もっと知りたくなる
学校まわりをお散歩
お花が咲いてる!!
名前をつけてごらん
何ていうお花?
小さいからちっこいそう!!
本当の名前は?
図鑑にあるかな?
知ることは、感じることの半分ほども重要ではない
子どもと一緒に自然を探検し、発見のよろこびに胸をときめかせる
センス・オブ・ワンダー
美しいもの、未知なもの、神秘なものに目を見はる感性
わあ!!
ロジャーとレイチェル
子どもたちの世界とは?

子どもは異界でイマジネーションを育む

岩手に訪れたとき、「こども本の森　遠野」に寄ってみたことがあります。

２０２１年７月に開館した新しい施設です。建築家の安藤忠雄氏が設計しました。もともとの建物をいったん解体し、部材を生かしながら建て直されたもので、完成後は遠野市に寄贈されました。建て替える前は呉服屋だったそうで、日本家屋の風情が色濃く残る建物です。

エントランスをくぐって見渡すと、あたり一面が本におおわれた世界が広がっています。そうした光景のなかに、ある１文が掲げられています。

「遠野の川には、河童が多く棲んでいるのだ」

この言葉は、『えほん遠野物語かっぱ』からの引用です。とても目を引くので、子どもたちが訪れた際にも、目にするのではないかと思います。

河童が棲んでいる、こんな言葉を掲げることのできる遠野の地は、やはり独特の風情があります。子どもを対象とする施設なのに、「河童」「棲む」などとむずかしい漢字をそのまま使っているのもいい。河童はなぜ、河《かわ》の童《わらべ》（川の子ども）と書くのか、なぜ「住む」ではなく「棲む」なのかなど、いろいろと調べがいがあります。子どもへの信頼とあたたかなまなざしが感じられます。

また、この1文の周囲には遠野を象徴するかのような本が並んでいます。『遠野物語』『でんでらの』『河童のユウタの冒険』『妖怪図鑑』『すみ鬼にげた』『まよいが』などなど。表紙を見て回るだけでも、この地方の文化を感じることができます。河童とか妖怪とか、異形の者たちも、怖さよりもユニークさ、親しみのほうが際立ちます。きっとそれは、遠野に住む人たちの日常であり、誇りとつながっているからでしょう。

子どもたちは、異界が大好きです。なぜなら、大人の目には映らなくなった世界に触れることができるからです。両親や祖父母といった大人たちのすぐ近くには、河童や妖怪たちがいます。この世と異界は重なり合っています。そんな異界で、子どもたちは数多くの体験をします。重なり合う二つの世界を「物語」がつないでいるのです。「遠野の川には、河童が多く棲んでいるのだ」ということの言葉は、この地を本当によく表していると思います。

受付を済ませた子どもたちは、靴を脱いで館内に入ります。「靴を脱ぐ」ってところもいいですね。床に座り込んだり、寝転がったりできるからです。絵本に夢中になっている子どもの脇から、座敷童が覗きこんでいるような光景が目に浮かびます。

「こども本の森」の第1号は大阪で、第2号が遠野でした。第3号が神戸です。そこで私は受付の方に、「なぜ、遠野なのですか？」と尋ねてみました。するとと次のように答えてくれました。

「東日本大震災の折に、遠野は内陸と沿岸を結ぶハブとして重要な役割を果たしたことがきっかけです」

遠野は、釜石と花巻のちょうど中間地点にあります（花巻から車で1時間弱）。津波の被害に遭った沿岸地域に、物資を運ぶための重要な経由地になったのだと言います。

改めてホームページを見ると、次のように書かれていました。

明治三陸津波（１８９６年）、昭和三陸地震津波（１９３３年）など岩手沿岸部はこれまで多くの津波被害を受けてきました。

遠野市は内陸と沿岸の中間地点に位置し、過去の地震津波の際にも沿岸被災地の支援活動を行ってきた教訓から、被害に備えた体制の整備と大規模訓練を行っていました。

２０１１年３月11日の東日本大震災の発災後、遠野市は、官民一体となって、自衛隊・警察隊・消防隊・ボランティアの受け入れ、炊き出し活動、物資センターの運営などの沿岸被災地の後方支援活動を行いました。

また、被災資料の洗浄、修復を行った「文化財レスキュー」、全国から献本と募金を呼びかけて被災地に約20万冊の図書を届けた「献本活動」を展開し、文化による復興支援の活動も行いました。

(https://kodomohonnomori-tono.com/about より)

語り継がれる民話といい、非常時に果たす役割といい、文化の継承といい、遠野の地に住む人たちの地道で確かな力強さが感じられます。こうした働きに、河童や妖怪たちも一役かっているのかもしれません。

本館の分類わけも特徴的です。

「異界のこと」という中テーマでは、「神隠し」「異界への扉」「おばけの話」に小分類されています。

「1遠野と東北」の中テーマでは、「深読み　宮沢賢治」「宮沢賢治の世界」「岩手という土地」「東北の地場」「『遠野物語』と柳田國男」「東北を歩く」に小分類されています。地域色満載です。

また、「岩手という土地」には、「2011年3月11日」「災害とどう向き合うか？」といった小分類があり、震災関連の絵本や書籍です。

安藤建築には、妙に狭かったり無駄に見えたりする空間がそこかしこにあります。受付横から2階に上がるらせん階段下のほんの少しの隙間にも本があります。奥の階段下などは大人がよほど屈まなければ本にたどり着けないし、椅子に座ろうとすると頭がつかえてしまいます。

子どもたちは、そんな空間が大好きです。体をよじったり、ほふく前進したりしながら、なんとかして潜り込もうとします。

そう、使いやすさとか快適さとかではなく、子どもたちにとっては「異界への扉」なのです。その扉の先には本があります。苦労して入り込んだのだから、どんな本なのかめくってみたくなりますよね。

＊

考えてみれば、自分で選んだ本を読むのも、教室で読み聞かせをしてもらうのも、縁側で昔話を聞くのも、異界へと出かけることにほかなりません。こうした体験の積み重ねが、イマジネーション豊かな新しい世界のつくり手を育んでいくのだと私は思うのです。

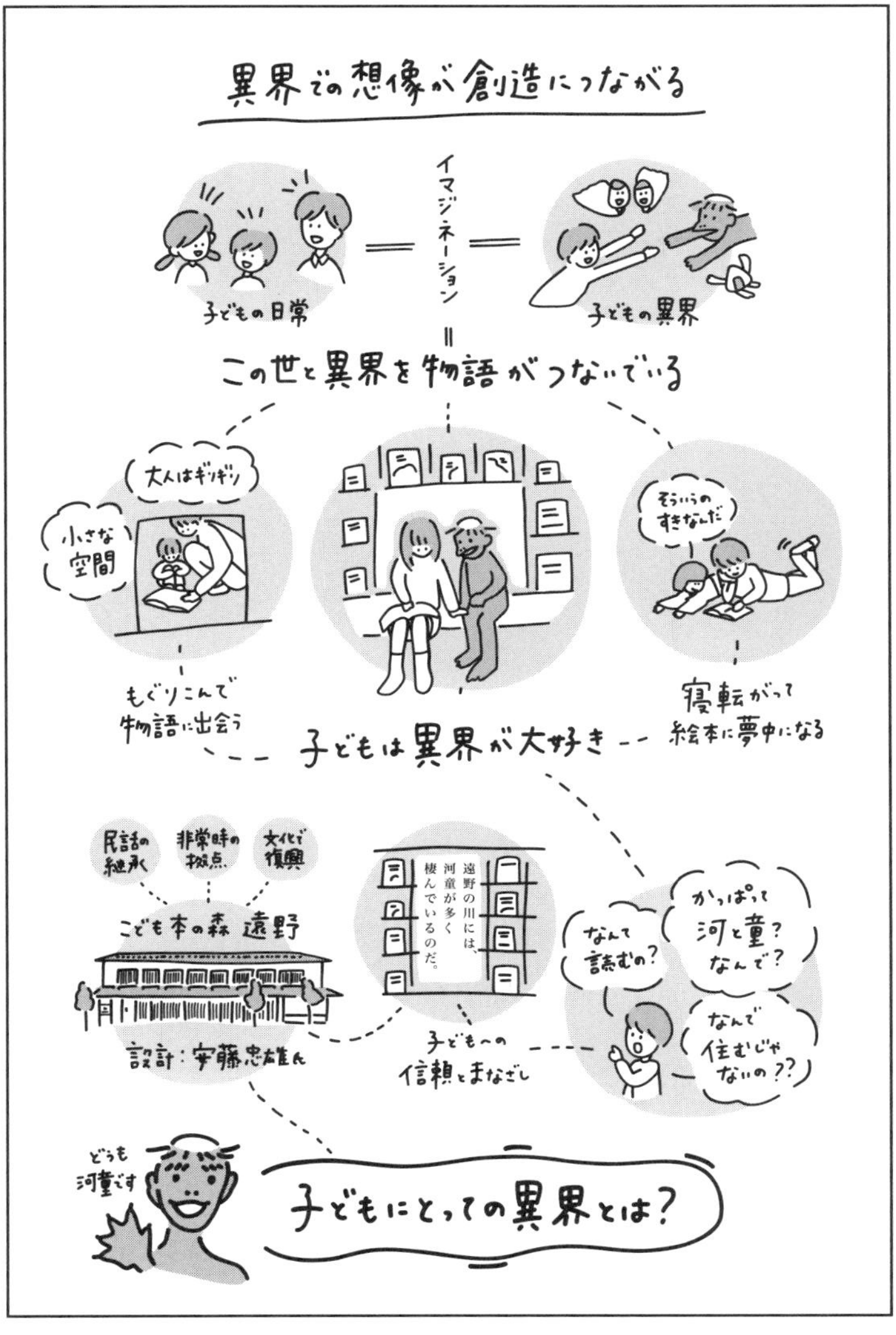
異界での想像が創造につながる
子どもの日常
イマジネーション
子どもの異界
＝
この世と異界を物語がつないでいる
大人はギリギリ
小さな空間
そういうのすきなんだ
もぐりこんで物語に出会う
寝転がって絵本に夢中になる
子どもは異界が大好き
民話の継承
非常時の拠点
文化で復興
こども本の森 遠野
設計：安藤忠雄さん
遠野の川には、河童が多く棲んでいるのだ。
子どもへの信頼とまなざし
なんて読むの？
かっぱって河と童？なんで？
なんで住むじゃないの？？
どうも河童です
子どもにとっての異界とは？

異質な他者

絵本『ぐりとぐら』（中川李枝子作、大村百合子・絵、福音館書店、１９６７年）には、ぐりとぐらがつくったカステラを動物たちが食べるシーンがあります。

平和で幸福に満ちた空間に、ワニ、フラミンゴ、カニ、はりねずみ、くま、へびなどさまざまな動物が描かれています。いずれも、ぐりとぐらが森のなかで焼くカステラのにおいに誘われて集まってきた生き物たちです。

絵本『いのちの木』（ブリッタ・テッケントラップ作絵、森山京訳、ポプラ社、２０１３年）では、きつねが亡くなった土から芽生えたオレンジ色の植物の周りに、クマ、リス、キツネ、フクロウが集い、キツネの思い出を語り合います。そうするうちに芽は伸びつづけ、朝になると小さな木に育ちます。

絵本『もりのおくのおちゃかいへ』（みやこしあきこ・作絵、偕成社、２０１０年）では、おばあちゃんに届けるケーキをころんでつぶしてしまったキッコちゃんが、森のなかで子羊に招かれてある家に入ると、ウサギ、シカ、クマなどたくさんの動物たちがお茶会をしている場に居合わせることになります。

絵本にはよくこうして、たくさんの動物たちが一堂に会し、ともに過ごすシーンが描かれます。そのたびに私は、少し不思議な気持ちになります。弱肉強食であるはずの自然界では相容れないもの同士、いわば異質な他者たちだからです。

私は以前「地球市民が成立するためには、火星人が必要である」といった趣旨の話を聞いたことがあります。人種や国境を超えて、「地球に住む人たちは一つの市民だ」とみんなが認識するには、地球以外の生命体が必要となるということです。これもまた異質な他者の必要性です。

加えて、文学博士である辻本雅史（『「学び」の復権―模倣と習熟』岩波書店、２０１２年）は、近代の教育をとらえるためには、近代の外側から教育を眺めなければならないと主張し、江戸時代に生きた貝原益軒（本草学者、儒学者）の思想などを参照していますが、地球市民のエピソードと相通ずるものがあります。

海外に行くと、改めて日本のよさに気づくということもありますし、ものごとの本質を知るには、そのものごととは異質な視点から観測することがきっと必要なのでしょう。

では、「人間とはなにかを知るにはどうすればよいか」という視点から考えたとしたらどうでしょう。右の考え方に当てはめるには、人間以外の（言語を解する）生き物が必要となります。しかし、残念ながらいまのところ、そんな存在を想定することはできません。

そうすると、私たちはどうやら「人間とはなにか」という問いを自分自身に投げかけるほかなさそうです。しかし、自分で自分のあり方を問うことほどむずかしいことはありません。

ここで、絵本に登場する動物たちの話に戻したいと思います。

さまざまな絵本に登場する動物たちは、なにものでしょうか？　私たちの世界とは異世界に済むさまざまな人間たちの化身だとしたら？　そのようにとらえるならば、国や地域、人種や民族、歴史や文化の異なる人々（異質な他者）が一堂に会して、ともに美味しくカステラを食べる、異なる他者を招き入れてお茶会を楽しむ、だれかの死を悼む、そんな光景が目に浮かんでくるのではないでしょうか。

現実の世界に目を向ければ、（絵本で描かれる異世界とは異なり）異質であるがゆえに、ときに共感し合い、愛し合い、ときにすれ違い、憎み合います。

より身近に考えれば、通勤電車のシートで隣り合うものも異質な他者であり、教室に集う子どもたちもまた、やはり異質な他者だと言えそうです。しかし、大人とは決定的に異なる点があります。それは、子どもたちにとって異質な他者との境界線は、（発達段階にもよると思いますが）とてもぼんやりしているということです。

たくさんの動物たちがぐりとぐらのつくったおいしいカステラを食べるシーンを目の

当たりにした子どもたちは、なんの抵抗もなくすんなりその情景を受け入れます。なかには、いろいろな動物がいておもしろそうだと感じる子もいるでしょうし、自分も混ざって一緒にカステラを食べたいと感じる子もいるでしょう。

想像の翼をはためかせて、絵本の世界に入り込み、異質な他者たちと出会い、森に漂っているカステラの甘い香りを感じたり、動物たちと楽しさを分かち合ったりします。子どもたちは感性で世界とつながっています。

感性というと、大人になるにつれて失われていくものだと言われます。しかし、『センス・オブ・ワンダー』の項でも触れたように、本当に失われるわけではありません。たとえば、子どもたちに絵本を読み聞かせれば、ページをめくりながら子ども時代の自分自身にアクセスすることができます。

ページをめくるスピード、タイミング、固唾を呑んでこちらを見ている子どもたちの様子、読み聞かせする自分との距離感に応じて、大人もまた子どもと同じように、絵本の世界の住人として物語とふれ合うことができます。このような、子どもたちから受けとる感動を、私は教室で何度となく味わってきました。

舞台演劇の物語世界は、舞台に立つ者たちと観客たちとの間に生まれるものだと言われますが、絵本の読み聞かせも同様です。読み手である大人と聴き手である子どもたちの間に、異世界が生み出されるのです。

子どもたちと長い時間を過ごす保護者や担任教師であれば、なおのことそうでしょう。以前『ともだち』（谷川俊太郎作、和田誠絵、玉川大学出版部、2002年）を読み聞かせしていると、絵本の一文一文を読むたびに子どもたちが、「うん、うん」と声をあげてうなずきはじめたのに驚かされたことがあります。

まるでお祭りのお囃子のような調子で、谷川俊太郎さんの織りなす言葉と子どもたちの感性とが共鳴し合っているかのようでした。このときも、きっとそこには（大人には入り込めない）異世界が広がっていたに違いありません。

子どもたちは、絵本の世界にいとも容易く飛び込み、その世界で遊びだします。その世界では利益追求とか効率とかといった現実世界とは異なる力学が働いています。そうした異世界から現実世界を眺めたら、どんなふうに見えるのでしょう。そのまなざしこそが、子どもたちが現実世界をどう見ているかにほかなりません。

それを知るためには、大人の常識によって成り立つ世界からいったん離れてみることです。その先にきっと、異質な他者とかかわる子どもたちの真の姿が、うっすらと見えてくるように私は思います。

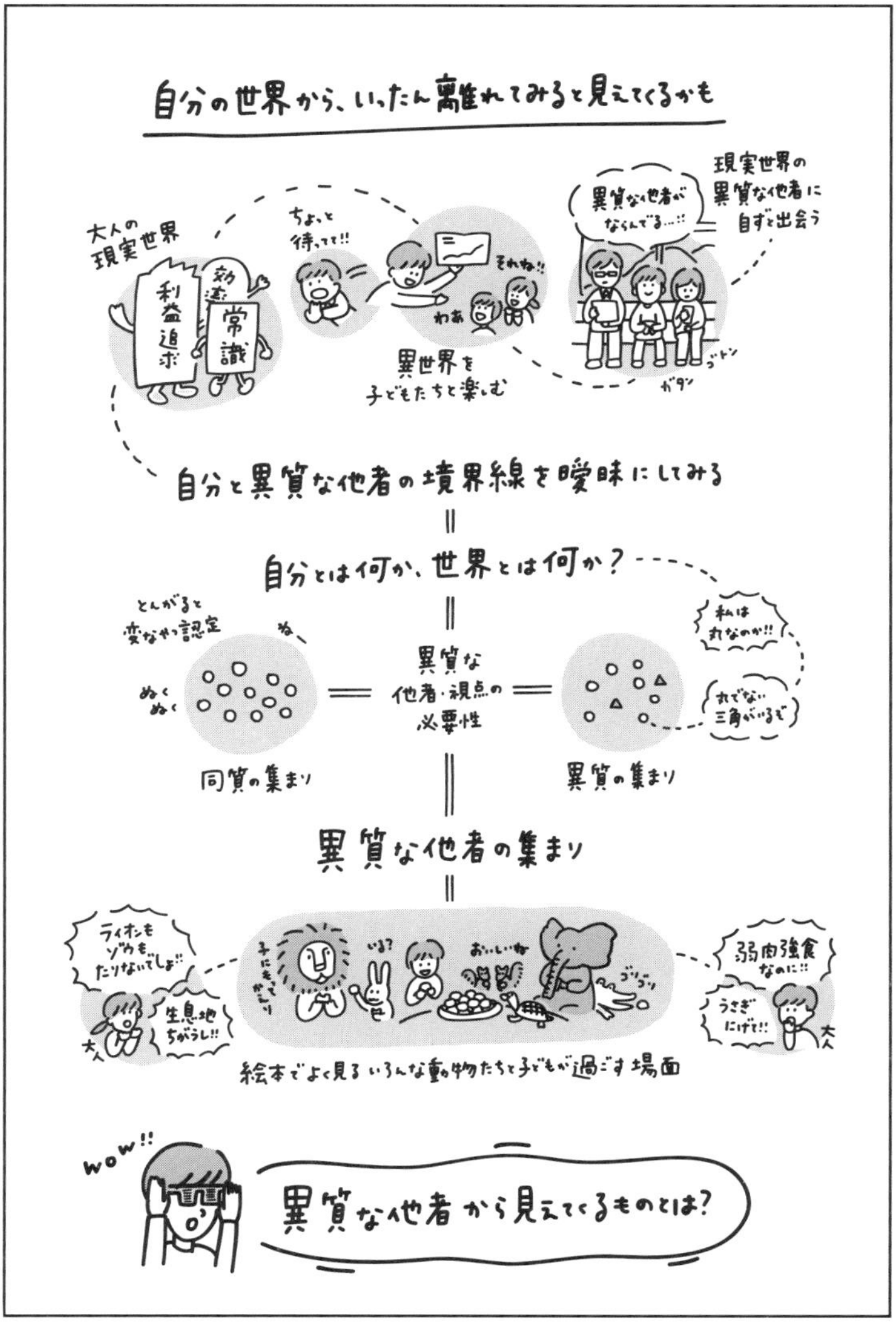
自分の世界から、いったん離れてみると見えてくるかも
大人の現実世界
利益追求
効率
常識
ちょっと待ってて!!
それね!!
わあ
異世界を子どもたちと楽しむ
異質な他者がならんでる…!!
現実世界の異質な他者に自ずと出会う
ゴトン
ガタン
自分と異質な他者の境界線を曖昧にしてみる
自分とは何か、世界とは何か？
とんがると変なやつ認定
な、
ぬくぬく
異質な他者・視点の必要性
私は丸なのか!!
丸でない三角がいるぞ
同質の集まり
異質の集まり
異質な他者の集まり
ライオンもゾウもたりないでしょ!!
生息地ちがうし!!
大人
子に答えてかわいい
いる？
おいしいな
ゴソゴソ
弱肉強食なのに!!
うさぎにげて!!
大人
絵本でよく見るいろんな動物たちと子どもが過ごす場面
WOW!!
異質な他者から見えてくるものとは？

ぬけた歯

「先生！　歯がぬけました！」

低学年を担任していると、こんな報告をしてくる子どもがいます。日常的な一コマですね。

そんなとき私は、小さな手のひらに乗せられた小さな歯に向かって、「いままで、ありがとう」と言い、抜けた歯をティッシュに包んで家に持ち帰るように伝えます。すると、どの子も大切そうに、そっとランドセルにしまいます。家に帰れば、きっと得意げにお母さんやお父さんに見せることでしょう。

大人の目から見れば、成長の過程にすぎません。保護者によっては「あぁ、抜けたのね」くらいの受け止めかもしれません。しかし、子どもにとっては不思議な出来事のひとつです。自分の体の一部だったはずなのに、自分から離れてしまうからです。

まど・みちをさんの作品にも「ぬけた歯」という詩があります。ぬけた歯を「星のようだ」と言い、口の世界から抜け出して「帰れないほど　とおくに光る」存在として描いています。

この世に生まれて少しすると、家族が口のなかのかわいらしい歯らしきものを見つけます。「歯がはえた！」と喜びの瞬間です。それは、噛み砕くという仕事のはじまりのときです。

赤ちゃんは、生えたばかりの歯を使い、一生懸命に噛んで、噛み砕いて、栄養を体のなかに運びます。日々繰り返されるその営みを通して、赤ちゃんは成長を遂げていきます。その後、ランドセルを背負って小学校に通い出したころから、乳歯は子どもの体から離れていきます。中学生を卒業するころには、すっかり永久歯に入れ替わっています。いままでずっと一緒だった歯とのお別れです。それと並行して、他者との関係性が曖昧だった幼いころの記憶が薄れていきます。乳歯が抜けて永久歯に代わる時期、それは、子どもたちが母親との精神的紐帯を切る「自己の誕生」と呼ばれるころと一致しています。

『はがぬけたら　どうするの？』（セルビー・ビーラー文、ブライアン・カラス絵、こだまともこ訳、フレーベル館、1999年）という絵本があります。

この作品はちょっと変わっていて、作者のセルビーが、世界中の人に尋ねて回った「子どものころ、歯が抜けましたよね。その歯をどうしました？」という質問に対する子どもたちの言葉をまとめた絵本です。世界中の風習が彩り豊かで、たいへんおもしろいので、いくつか引用してみましょう。

リビア
ぬけたはを　おひさまにむかって　ほうりあげて、「あたらしいはを　もってきて！」っていいます。
「おまえは　おひさまから　はをもらってるから、いつもおひさまみたいに　にこにこわらってるんだね」っておとうさんはいってくれます。

小さな歯と大きなおひさまのつながりが、なんともおもしろいですね。ぬけた歯を力いっぱいおひさまにむかって投げる子どもたちは、その行為から、いったいどんなインスピレーションを得るのでしょう。自分と太陽とのつながりを、言葉ではなく、身体で感じ取るのでしょうか。
身体と自然とのつながりという点では、次のようなお話もたいへん興味深い。

イエロー・ナイフ・デネ（アメリカたいりくせんじゅうみん）
おかあさんとおばあさんが　ぬけたはをもっていって、きのあなや　えだや　はっぱのあいだにいれます。それから　かぞくみんなで　そのきのまわりでおどります。あたら

しい　はが　そのきみたいに　まっすぐのびるように。

ぬけた自分の歯が木の穴や葉っぱの間に入れられるとき、子どもたちはどんな気持ちを味わうのでしょう。自分が木と一緒になるような感じでしょうか。それとも、自分と木のつながりでしょうか。

自分の歯が届けられた木のまわりで家族たちが踊る姿は、小さなお祭りのようでもあります。小さな歯を通して、子どもが、自然とのつながり、家族とのつながりを感じ取ります。そう考えると、ぬけた歯とのお別れのようでいて、本当はお別れではないようにも思えてきます。

最後に紹介するのは日本の子どものお話です。

にほん

うえのはがぬけたら　えんのしたになげる。したのはがぬけたら　やねにほうりなげる。あたらしいはが　まっすぐにはえるようにね。あたらしいはは、ふるいはのあるほうに　のびるんだよ。

下だったら上、上だったら下というのは、〝なるほど、こういう意味だったのか〟と改めて気づかされます。

乳歯だったころのものの見方や感じ方・考え方を、私たちはもはや知る術はありません。ただ、このころの子どもたちは、自然とか人間本来の姿とかいったものに限りなく近いのだとは思います。

パブロ・ピカソはかつて、次のように言ったとされています。

ようやく子どものような絵が描けるようになった。ここまで来るのにずいぶん時間がかかったものだ。

幼年期の感性が、いったん自分の身体から切り離され、そのあと、長い年月を経て再び取り戻す。それがピカソの芸術にとって欠かせない道のりだったのでしょう。

授業中、思わぬタイミングで私たち教師には思いも寄らないような、〝参った！〟とうならされるような、子どもたちの見方や考え方に触れることがあります。そんなとき、「ぬけた歯」の片鱗が、この世界にちらっと顔をのぞかせているのかもしれませんね。

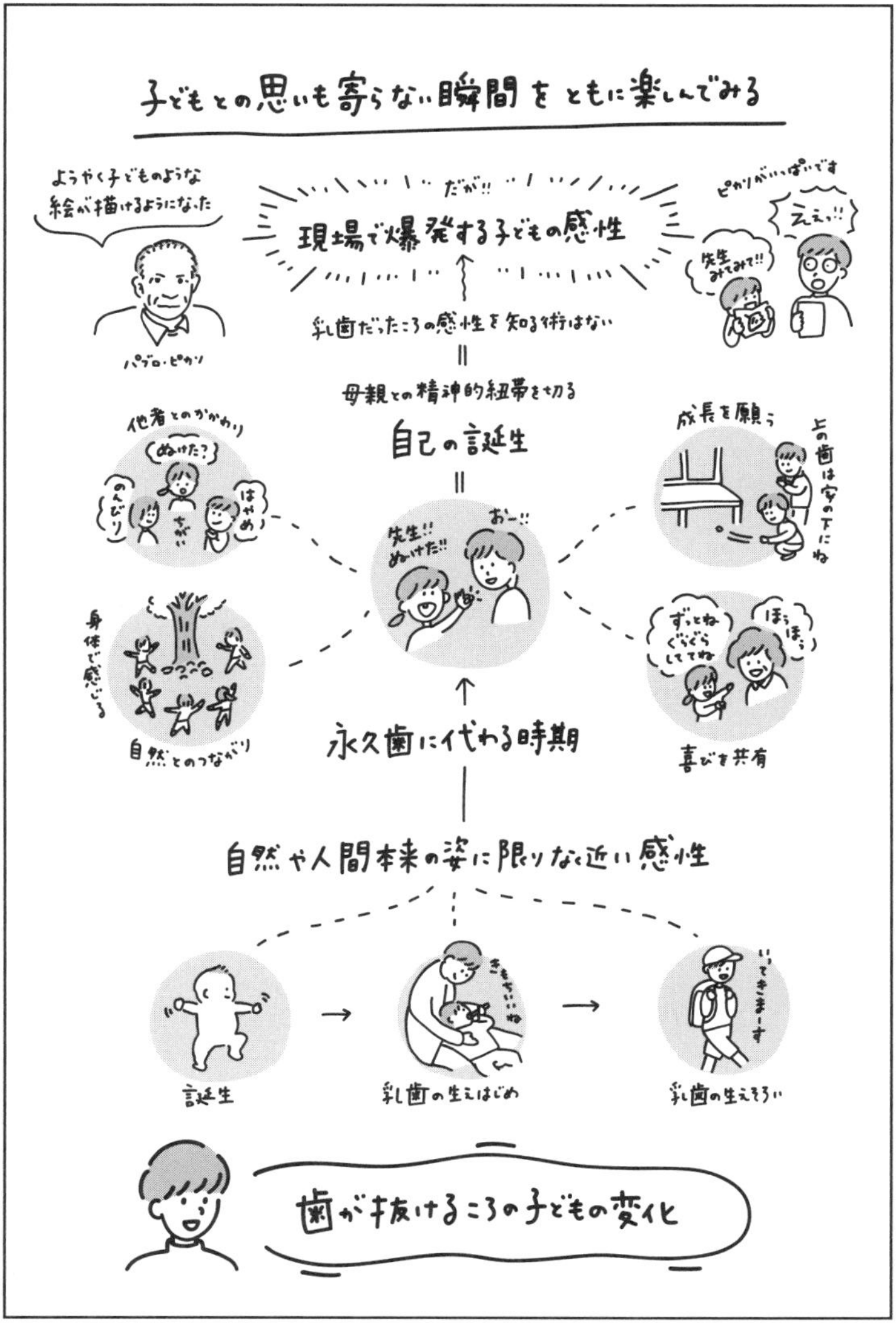
子どもとの思いも寄らない瞬間をともに楽しんでみる
ようやく子どものような絵が描けるようになった
パブロ・ピカソ
だが!!
現場で爆発する子どもの感性
ピカソがいっぱいです
ええっ!!
先生みてみて!!
乳歯だったころの感性を知る術はない
＝
母親との精神的紐帯を切る
自己の誕生
＝
他者とのかかわり
ぬけた？
のんびり
ちがい
はやめ
先生!! ぬけた!!
おー!!
成長を願う
上の歯は家の下にね
身体で感じる
自然とのつながり
ずっとね ぐらぐらしてたね
ほうほう
喜びを共有
永久歯に代わる時期
自然や人間本来の姿に限りなく近い感性
誕生
きもちいいね
乳歯の生えはじめ
いってきまーす
乳歯の生えそろい
歯が抜けるころの子どもの変化

長い道のり～坂本龍馬脱藩の道を歩く

文久2年（1861年）3月24日夜、坂本龍馬は土佐藩を脱藩します。案内役の澤村惣之丞とともに高知城下を出発し、翌日は梼原村（現・梼原町）の那須俊平・信吾父子の家に泊まり、26日は宮野々関から四万川を通って韮ヶ峠から伊予の国（現在の愛媛県の十崎町、大洲）に入り、27日に長浜へと出ました。

道中、これから大きく動こうとしている天下のために、命を賭けてひと働きしようと情熱を胸にたぎらせていたといいます。このときの龍馬の足跡は、いまも「坂本龍馬脱藩の道」と呼ばれます。

この、実に186kmもの長い道のりを踏破するという活動に挑んだ子どもたちがいます。それは、愛媛県との県境に位置する高知県梼原町立四万川小学校（平成23年に梼原小学校に統合）の8人の6年生です。平成16年に行われた総合的な学習の時間の実践で、「脱藩ウォーク」と称していました。

当時、現職で大学院に派遣されていた私は、この壮大な実践を参与観察する機会を得て、子どもたちとともに歩きました。その道中は大人の足でも辛く険しく、語りつくせないほどの物語が生まれました。私はこのときのことを修士論文にまとめたのですが、本項ではその一端を紹介したいと思います。

四万川小学校の教育実践は、古くから受け継がれてきた「三養」の精神（いわゆる知・徳・体）のもとで、梼原町や四万川地区といった地域の人々によって支えられてきました。平成11年に赴任してきた当時の山﨑鈴子校長は、「地域あってこその学校」という経営ビジョンを掲げ、四万川の特性を生かした実践をスタートさせます。

なかでも力を入れていたのが総合的な学習の時間であり、その学びを「ヤマネ活動」と位置づけていました。平成12年度には、「ふるさと四万川」をテーマに実践し、その年度末にはさらなる充実をめざし、子ども、保護者、教師を対象にアンケート調査を行っています。そのあたりから、「ヤマネ活動」のねらいや活動内容が徐々に保護者や地域に浸透していきます。

そのようななかで生まれたのが、「脱藩ウォーク」でした。龍馬の足跡を辿るという活動を軸にして、梼原ゆかりの幕末の志士の生涯を調べたり、宿泊場所を調べ交渉したり、活動費用を捻出したりするなかで、自分なりの活動のめあてを立て、実際に脱藩の道を踏破することを通して現在の自分自身の姿を見つめ直す活動です。

この実践を実現するに当たって一番の壁となったのが、保護者を説得することでした。

6年生の足で、しかも186㎞もの長い道のりを3回に分け、延べ8日間かけて歩き通す活動でしたから（1回目は8月下旬に2泊3日、2回目は10月に2泊3日。3回目は11月に1泊2日）、「それはいくらなんでも無茶だ」と保護者が心配するのは当然のことでした。

ある夜、親子会議が行われ、「脱藩ウォーク」の目的や計画などについて子どもたちが熱心に説明します。

それに対して、保護者たちは計画の甘さを指摘します。

「費用はどうするが？」

「脱藩の道の整備やそうじを5日間するき！」

「それじゃあ、足りんろぅ」

「資源回収もするき！」

子どもたちは必死で食い下がります。

数時間にも及ぶ話し合いの末、保護者もとうとう折れ、「それじゃあ、やってみぃや！」と言い放ちました。それを受けて、ほかの保護者もうなずいていました。

するとどうでしょう。

「こりゃあ、今年の盆は酒をようけ飲んで瓶を出さないかん」

「Aさん家は、酒飲みやきぃ、空き缶がよう出るでぇ」

などと楽しそうに話しはじめたではありませんか。

　きっと、子どもたちの熱意と本気と覚悟を感じ取り、親としてうれしく、誇らしく思ったのでしょう。〝この子たちはきっとひとまわり大きくなるはずだ〟そんな期待感も膨らんだはずです。

　さて、残暑厳しい8月27日、高知市内の龍馬生誕の地に8人の6年生と担任の熊岡彰先生が集合しました。頭にはみな、（後輩や周りの人たちからの応援の言葉が書かれた）すげ傘をかぶっています。

　いよいよ出発、1回目は2泊3日の行程です。

　まず、龍馬が泳いだと言われる鏡川沿いの道、国道沿いの道を抜け、高知市から、いの町、日高村を通って、佐川町に着きます。その後、山道の朽木峠を越え、布施ヶ坂という茶畑を抜けて山道を登り切ったところがゴールとなります。道中、仁淀川で涼んだり、佐川町の「青山文庫」に立ち寄り、館長さんから当時の資料や龍馬の足取りなどについて話を聞いたりしました。

　ゴールの布施ヶ坂は、茶畑を抜けた坂道の先にあります。み

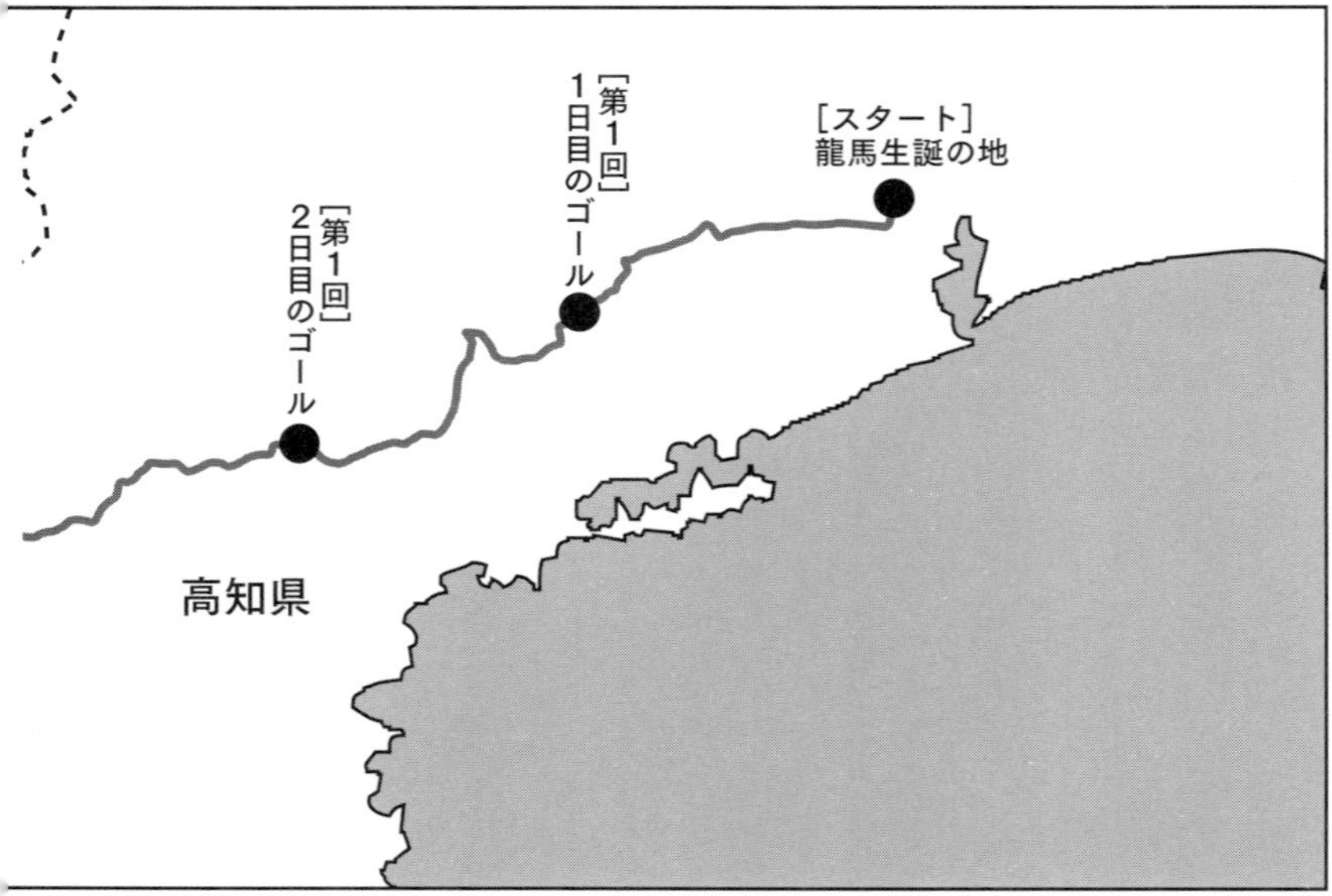

んなで手をつないでゴールすると、爆竹の音と大きな横断幕。保護者たちの荒っぽい歓迎を受けました。

2回目は1回目のゴール地点からの出発で、10月29日からの2泊3日の行程です。このときからは、保護者が手づくりしてくれた羽織袴を身につけ、旅する龍馬さながらの出で立ちです。

実践の主人公は子どもたちですが、たくさんの名脇役たちが登場します。

保護者をはじめとして、応援の絵手紙を送ってくれた方、子どもたちの挑戦を知ったお好み焼き屋のおばさん、訪問先の役場の人たち、通り

脱藩ウォーク

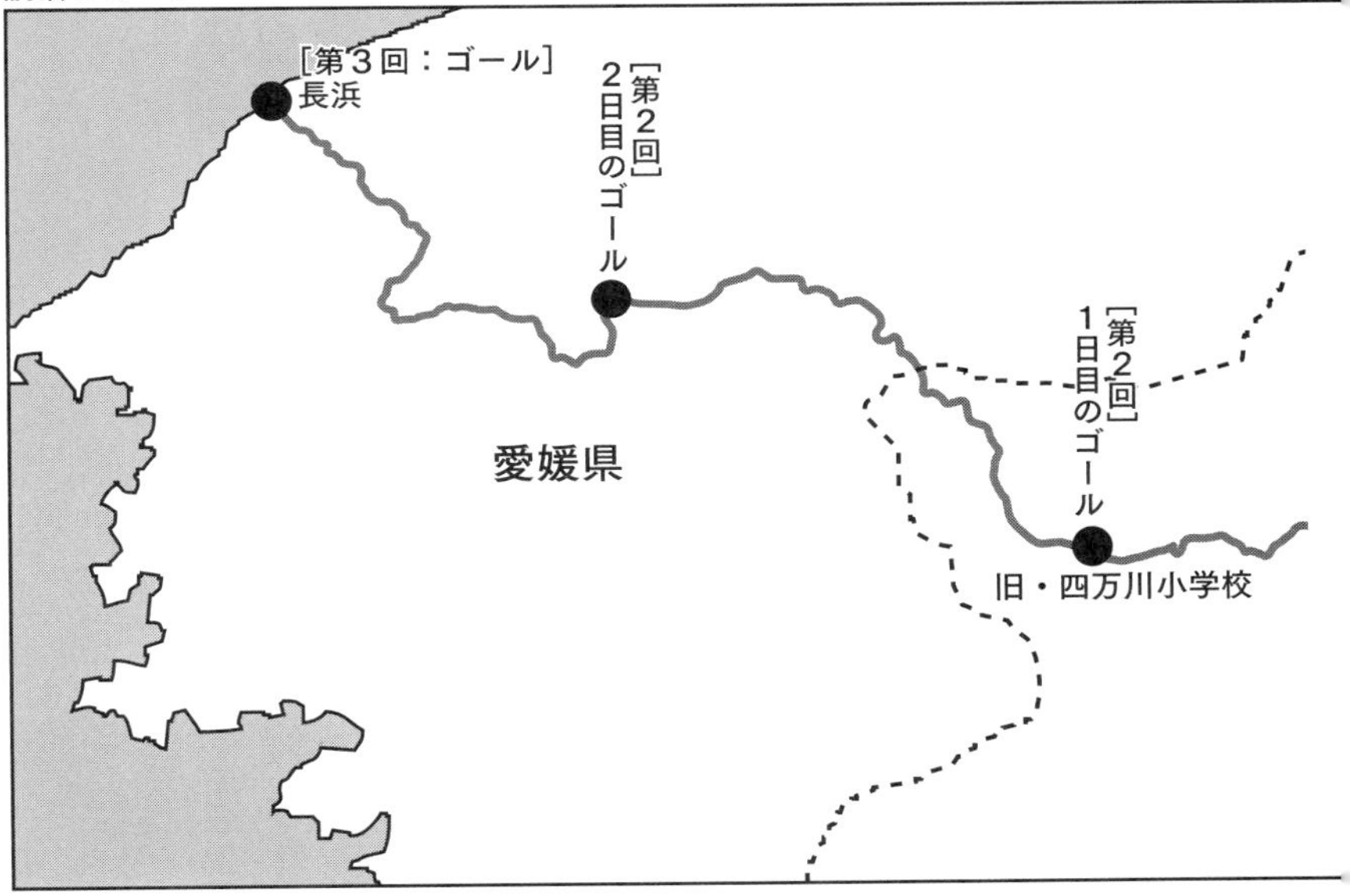

すがりのおばあさん、峠まで一緒に歩いてくれた老夫婦など、数多くの名脇役たちが「脱藩ウォーク」という物語を盛り上げてくれました。

1日目は布施ヶ坂から四万川まで道のりです。わが町である四万川に戻ったころには、日がとっぷりと暮れていました。そうであるにもかかわらず、たくさんの人たちが出迎えてくれました。「ようがんばった、ようがんばった！」と子どもたちの手を取って涙を流していたお年寄りもいました。まるでわが町に凱旋した英雄を讃えているかのようでした。その夜には、地元の民宿で心のこもった料理がふるまわれました。

2日目からは、いよいよ愛媛の長浜へと旅立ちます。県境に向かう韮ケ峠は、山中の坂道です。苦しい道のりですが、龍馬が脱藩を果たした県境に近づくにつれ、気持ちが高ぶります。韮ケ峠に立った子どもたちの顔には〝自分たちの足でここまで来たんだ〟と感無量の表情が浮かんでいました。

次は、いよいよ愛媛の地です。

高知市内の龍馬生誕の地から自分たちの町である四万川に向かう旅は、自分たちのふるさとへと向かう道のりでした。ここから先は、ふるさとである高知から離れていく道のりです。そのほとんどは山中の小道です。

天候はときおり小雨が降る曇り空。すれちがう人もいなくなりました。次第に、子どもたちの口数は減り、列から遅れる子も出はじめます。雨に煙る森の小道をただ黙々と歩きつづけます。

大きくそそり立つ杉林の山道に入ると、しいん、と静けさが増します。自分の息遣いさえはっきり聞き取れるような静寂のなか

で、一列になって登っていく子どもたちと教師の後ろ姿を見上げたとき、〝なんて美しい姿なんだろう〟と心がふるえました。

子どもたちは、脱藩した龍馬や幕末の志士たちへの思いを馳せながらも、苦しさ、寂しさ、寒さで心が折れそうになる自分の弱さと戦いながら歩きつづけます。

ふるさとへと向かう道のりは、多くの人たちに声をかけられ、支えられ、まるで自分たちがヒーローにでもなったかのようでしたが、ふるさとから離れていく道のりは、だれ一人しゃべる者もなく、自然に取り囲まれたちっぽけな自分と向き合いつづけるかのようなたたずまいでした。

2日目のゴールが近づくころには、雨はいっそう激しくなり、土砂降りとなります。せっかくの羽織袴もびしょ濡れ。晩秋の寒さが身に染みます。山中の朽ち果てた小屋の軒下で、立ったまま昼食をとるときも、軒に入り切らない肩を濡らします。それでも、お弁当のお米を頬張ってエネルギーをチャージします。

ゴールまで、あともう少し。降りしきる雨のなかで最後のミ

ーティングを行い、出発しました。するとそのとき、最後尾を歩く女の子がポツリとつぶやきました。

「あぁ、もうゴール、終わっちゃう、終わっちゃうよ」

その瞬間、私は衝撃を受けました。やっと終われるではなく、もう終わってしまう、そうつぶやいたこの子は、雨の降りしきる山道を歩く最中、いったいどんな思いを胸に秘めていたのだろうか…と。

3回目は11月13日、晴れ渡る秋空の下、愛媛県五十崎町宿間から大洲長浜までの1泊2日の道のりです。ここからの道のりは平たんで、龍馬が乗ったとされる川下りの舟にも乗りました。そしてついに、肱川河口の長浜の海岸公園にたどり着きました。眼前には、夕日に輝く瀬戸内海が広がっていました。

こうして子どもたちの挑戦が終わったのでした。

出迎えてくれた人たちの前で、ある子が涙で言葉に詰まりながらこんな話をしました。

昨日は、一人のおばあちゃんに会って、そのおばあちゃんは、私のおばあちゃんと同じ歳で、わざわざ自転車に乗って私たちのところまで戻ってきて差し入れをしてくれました。

それを見て、あたしのおばあちゃんは野菜とかくれるけど、私はいつも当たり前に感じて、ありがとうって最近は思えなくなっていたんだ。

だけど、そのおばあちゃんを見て、自分がちょっといやになって、自分の心の壁をこわして、また新しく、いまならあたしのおばあちゃんに、ありがとうって言えると思う。

この「坂本龍馬脱藩の道」という実践は、四万川小学校の子どもたち、先生方、保護者にしか綴れない物語でしょう。しかし、今日もきっと、日本のどこかで、その学校、その地域でしかできない固有性と、二度とは起こらない一回性に満ちた実践によって子どもたちの物語が綴られ、瑞々しいまでの新しい自分を発見しているに違いない。

私はそう信じています。

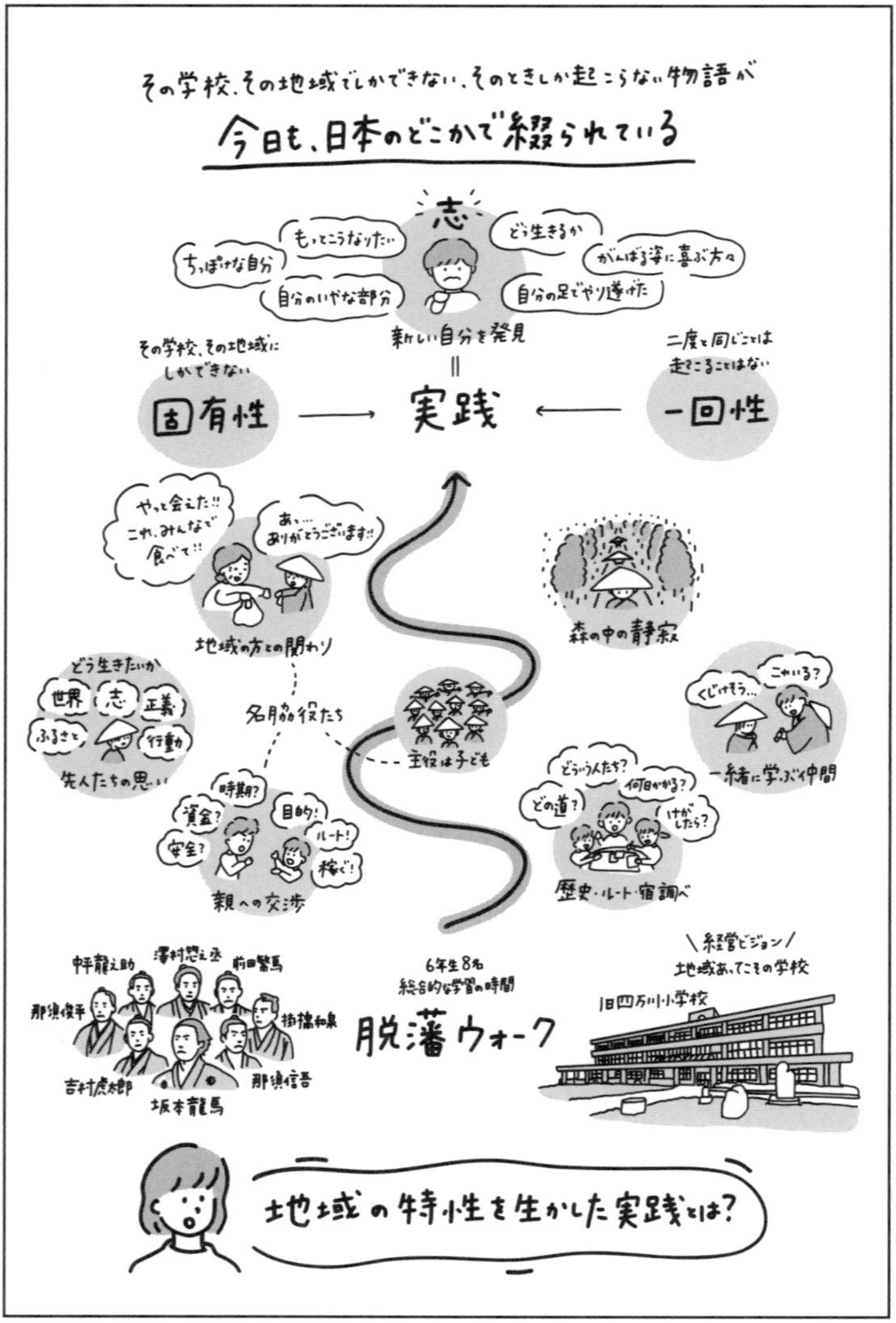
その学校、その地域でしかできない、そのときしか起こらない物語が
今日も、日本のどこかで綴られている
志
もっとこうなりたい
ちっぽけな自分
自分のいやな部分
どう生きるか
がんばる姿に喜ぶ方々
自分の足でやり遂げた
新しい自分を発見
=
その学校、その地域にしかできない
固有性
実践
一回性
二度と同じことは起こることはない
やっと会えた!! これ、みんなで食べて!!
あっ…ありがとうございます!!
地域の方との関わり
森の中の静寂
どう生きたいか
世界
志
正義
ふるさと
行動
先人たちの思い
名脇役たち
主役は子ども
くじけそう…
これいる?
一緒に学ぶ仲間
どういう人たち?
何日かかる?
どの道?
けがしたら?
歴史・ルート・宿調べ
時期?
資金?
目的!
安全?
ルート!
稼ぐ!
親への交渉
中平龍之助
澤村惣之丞
前田繁馬
那須俊平
掛橋和泉
吉村虎太郎
坂本龍馬
那須信吾
6年生8名
総合的な学習の時間
脱藩ウォーク
\経営ビジョン/
地域あってこその学校
旧四万川小学校
地域の特性を生かした実践とは?

こちらの岸に先生がいて、川の向こう岸に子どもたちがいる

私たち教師は（半ば当たり前のように）「子ども理解が大切だ」などと言いますが、〝子どもを理解するって本当にむずかしい〟と思います。

30年以上もの間、私は現場教師として子どもたちと向き合ってきたけれども、「子どもとはどのような存在ですか？」「どんなことを感じ考えていますか？」などと問われたら、なにも答えられないと思います。それほどまでに子どもは難解で、日々、変化を遂げています。私たち教師の気持ちなどおかまいなし。あっさりと裏切ってきます。

しかし、悪いことばかりではありません。大人には思いつかないような着眼点、単元の最後のほうでたどり着くはずだった理解、クラスメイトとの対話を通して働かされる見方・考え方など、授業の最中、教師である私の想定を軽く飛び越えてくる子どもの発想は、心躍るようなすばらしい裏切りです。

こんなところに、一筋縄にはいかない授業のむずかしさ・おもしろさ・楽しさがあるわけですが、子どもたちとの日常は、教師が思うにまかせない日々の繰り返しです。

大学院時代、（いまも交流のある）小西正雄先生の最初の授業で、次の課題が出されたことがあります。

「総合的な学習の時間（以下、「総合」と略）では、探究課題の一つとして『国際理解』が挙げられていますが（『小学校学習指導要領解説 総合的な学習の時間』）、これにはいささか問題があります。どのような問題が考えられるかレポートにまとめなさい」

このとき、自分がどんなレポートを提出したのかについては、すっかり忘れてしまったのですが、次の授業で話された先生の説明をよく覚えています。

「どの国においても固有の文化があり、お互い受け入れられることもあれば、そうでないこともあります。それなのに、『国際理解』などと言ってしまうと、『理解する』ことが前提となってしまいます。それでは、受け入れられない事柄に対しても理解しなければならないのかと、学びが窮屈になります。そこで、いったん理解という前提を外し、お互いの違いを知ることをもって学びとするのが、賢明なのではないでしょうか」

この考え方は、総合の授業をつくるうえでの私の指針となりました。端的に言えば、「前提」とか「当たり前」などと言われる事柄に対して、〝本当にそうなのか〟と問う姿勢をもつということです。

たとえば、「地域の川をきれいにする」ことをテーマに掲げる実践などを見かけることがあります。こうしたテーマでは、「地域の川は汚れている」ことが前提となっています。もちろん、本当に汚れていることもあるでしょうから、事実として正しい見方であるなら、安易に前提をもつことはおかしいなどとは言えないかもしれません。

ここで話題にしたいのは、子ども側の意識です。そもそもその川は、子どもたちにとってどのような存在なのかということです。

〝汚い川だなぁ〟と感じている子どももいるでしょう。〝そんなことぜんぜん気にもとめたことがなかった〟と思っている子どもだっているはずです。それに対して、ある子にとっては思い出深い川かもしれないし、川の近くに水神様が祀ってあって、ときどきお祖父さんと一緒に参拝している子どももいるかもしれません。

このように考えると、教師がテーマを掲げる前にまず、その川と子どもたちとの関係性をつかんでおくことが先決だということがわかります。それを踏まえたうえでの「どのようなテーマを掲げるのが、子どもたちの『やりたいこと』になるのか」を考えることが大切だということです。

もしかりに、このようなプロセスを踏まえずに「汚れているからきれいにする」ことを活動の前提としてしまえば、その実践は子どもにとって他人ごとになります。「自分たちがよいと思うことはなにか」ではなく、「大人がよいと思っていることはなにか」を見つけ出す活動になるからです。それでは、総合で大切にすべき子どもの思いや願いが不在の実践となるでしょう。

ここに、「子ども理解」のむずかしさがあります。〝子どもたちはきっとこう思っているはずだ〟という教師側の思い込みが、子どもにとって学びの乏しい活動にしてしまうかもしれないということです。

単純な話、本当のところ子どもがなにを感じ考えているのかなど、いくら想像力を働かせてもわかるものではありません。だったら、実際に聞いてみればよいのです。そう考えるならば、「子ども理解」とは、「問わず語らずで子どものことはわかっている」ではなく、（聞いてみないとわからないのだから）「子どもの考えに耳を傾けて、そのつど歩み寄ろうとすることだ」と言えるかもしれません。

さて、こうした教師の意図と子どもの内面とのミスマッチは、なにも総合などの教科等の授業に限ったことではありません。私がとくにおそれるのは、「このクラスの子どもたちは学習意欲が低い」「Aさんはどれだけ丁寧に説明しても理解できない」「Bくんはいくら指導しても忘れものがなくならない」などといった教師側の一方的・一面的なラベリングです。

近年、アンケート調査をはじめとして、子どもの実態をデータ化する取組が活発化しています。加えて、今後は子どもの学習成果をスタディログとしてビッグデータ化し、ＡＩを活用して子どもたちの学びを最適化していこうとする動きもあります。いずれも客観的なエビデンスのもとに適切な対応策を講じようとする考え方であり、有効に活用されるのであればすばらしいことだと思います。

その一方で、こうしたデータサイエンスを妄信してしまえば、目の前の子どもたちの本来的な姿や可能性を教師の目で見いだそうとする姿勢を失ってしまうおそれもあります。

どれだけ精緻化されたデータであっても、分析された時点でその子にとってはすでに過去の記録となります。なぜなら、子どもは日々変わっていく可能性の固まりだからです。たしかに、ＡＩは集積したデータ分析を行って的確な未来予測をしてくれるかもしれません。しかし、ＡＩがどれだけ効率的でリスク回避的な未来像を提示しようと、子どもの未来を決められるのはその子自身だということを忘れてはならないでしょう。

本項のタイトルとした「こちらの岸に先生がいて、川の向こう岸に子どもたちがいる」は、ある先生が語った言葉です。10年以上も前のことです。当時参加した研究発表会の協議会でのことでした。

公開された授業は、5年生の「自分たちが作った船に乗って川を下ろう」（体験的な活動を中心とした総合学習の研究）です。子どもたちが制作した二つの船をプレイルームに配置し、どのように川下りを行うかをデモンストレーションするダイナミックな活動でした。

ただ、授業中の子どもの発言は少なく、教師が一方的に主導するかのように見える展開だったことから、協議会では批判的な意見も少なからずありました。それに対して、授業者の指導・助言にあたっていた先生が、次のように語りはじめました。

私は、授業者と子どもたちの関係を次のように感じました。

こちら側の岸に先生がいて、川の向こう岸に子どもたちがいます。先生は、大きな声を出したり、メガホンを使ったり、いろいろ工夫しながら川を挟んで、子どもたちに指示を出しています。しかし、なかなか指示がうまく通りません。子どもたちは勝手なことをはじめてしまい、先生は困ってしまいます。

すると、少しして子どもたちが「先生もこっちにおいでよ！」と先生を呼びます。しかし、先生は川を渡ろうとしません。どうやら自分と子どもたちとを隔てている川に気づいていなかったようです。

もし、子どもたちと同じ岸に立つことができれば、子どもたちが見ている美しい夕日を子どもと一緒に見ることができたはずです。

教壇に立つ教師が川を渡り、向こう岸にいる子どもたちのもとに来てはじめて、子どもたちが目の当たりにしている景色を知る。〝なるほど〟と思いました。「子どもと向き合うことが大切だ」などとよく言われます。しかし、教師側の岸辺から子どもを見ているだけでは、本当の意味で子どもと向き合うことにはならないということなのでしょう。

普段の授業でもそうです。教師と子どもたちは向き合って授業を行います。しかし、向かい合わせでいるだけでは、子どもの学習の実態をつかめません。もし、このとらえに違和感を覚えるならば、放課後、子どもたちの椅子に座って黒板を見上げてみるとよいと思います。黒板を背に教壇に立つ景色とはずいぶんと異なることに気づくはずです。西田幾多郎（日本の哲学者）は、かつて「或教授の退職の辞」として次の言葉を残しています。

回顧すれば、私の生涯は極めて簡単なものであった。その前半は黒板を前にして坐した、その後半は黒板を後にして立った。黒板に向って一回転をなしたといえば、それで私の伝記は尽きるのである。

この言葉をはじめて目にしたとき私は、〝なにを当たり前のことを、もっともらしく語っているのだろう〟と感じました。しかし、月日を経るにつれて、自分のとらえが浅かったことに気づかされました。

教室は、子どもたちの学びの空間です。

黒板を背に一方向からだけ見ていては、その空間が子どもにとっての学びが生まれるものとなっているか知りようがありません。子どもの側から見る、窓際などさまざまな位置から見てみる、全体を俯瞰して見る、気になるところをフォーカスして見る。このように多様な「見る」という行為が必要だということです。それが、子ども側の岸辺に立つ確度を上げてくれます。しかし、言うは易く行うは難し。

先ほどの先生は、つづけて次のように語りました。

実は、前の授業では、子どもたちと同じ岸に立つことができていました。子どもたちが乗った船が学校近くの大きな川にはじめて浮かび、子どもたちと一緒になって喜んだときのことでした。

研究授業の折、子どもたちの発言の少なさは、授業者の授業の進め方とは別のところに原因がありました。前の時間に船を川に浮かべることができたことで子どもたちは満足してしまい、モチベーションが下がっていたのです。そこで授業者は、あれこれと子どもたちに声をかけるのですが、その声が向こう岸の子どもたちに届かなかったというわけです。

このように考えれば、指導・助言に当たっていた先生の語りは、本時における授業者の悩みや迷いに寄り添おうとしたものだったことがうかがわれます。

教師という職業は、少しでもいい授業を行おうと研鑽を積むことで高い専門性と技術を獲得していきますが、それによって子どものことがよりいっそう理解できるようになるわけでは必ずしもないという事実と向き合う場面が多々あります。

だからこそ、周囲からの評価がどれだけ高まったとしてもおごらず、虚心坦懐に子どもの側に立ち、子どもと同じ景色を見ようとすることが教師には必要なのだと思います。

＊

実を言うと、ここまで語ってきたことは、私自身の自戒の念でもあります。自分の力だけではそうすることができずに、子どもたちのほうから「先生もこっちにおいでよ！」と呼んでもらえたことで気づけたことのほうがはるかに多かったからです。

そこで紹介したいのは、第1章でも取り上げた「ふるさと写真展」のその後です。

写真1

写真1は、やんちゃなバスケットボール大好き少年が撮影した写真です。

この写真にいったいどんな言葉を綴るのだろうと思っていた矢先、「先生、できた！」とさっさともってきました。〝もうちょっと考えなよ〟などと言ってやろうと思いながら見ると、そこには次の一言が書かれていました。

もっと強くならなきゃ

〝これはなにも言うことはないな〟と思った私は「ＯＫ」とだ

け言いました。

バスケットボールに対する彼の思いが、この言葉を選ばせたのでしょう。それにしても彼が、自分の思いをこれほど短く端的な言葉で表現できるなんて思いもよりませんでした。

写真2

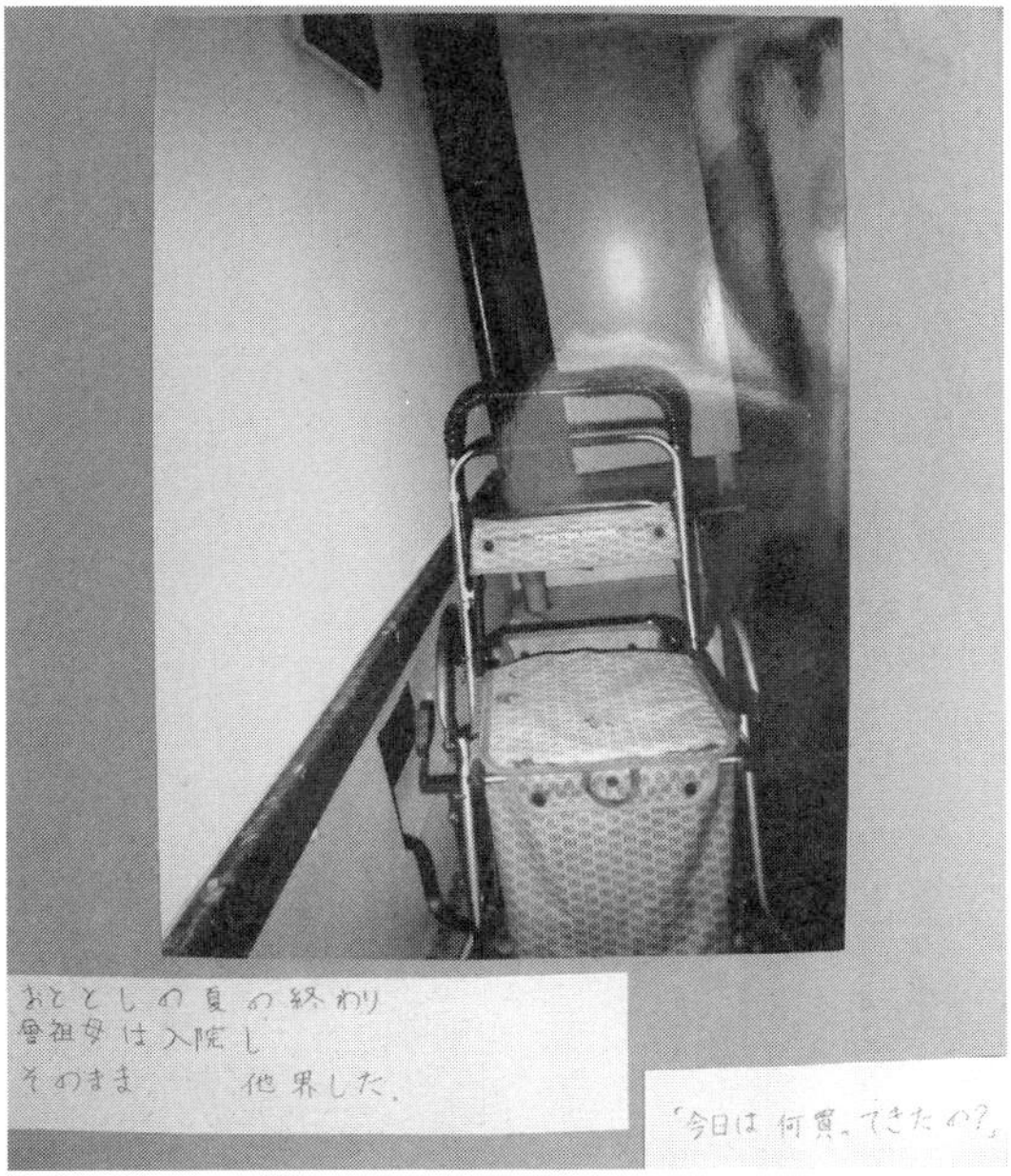
おととしの夏の終わり
曾祖母は入院し
そのまま　他界した。
「今日は 何買ってきたの?」

写真2は、家の横に放置されていた乳母車の写真です。

この子は、次の言葉を綴りました。

おととしの夏の終わり
曾祖母は入院し
そのまま　他界した

この1文だけで、この子の紡ぐ物語が思い浮かぶようです。

本当はこれだけで十分だったの

ですが、試しに「もう一言、添えてごらん」と言ってみました。すると、少しして、つづきの言葉を書いた紙をもってきました。

今日は　何　買ってきたの？

この1文を読んだとき、自分自身の薄っぺらさを痛感しました。〝つづきの言葉なのだから、きっと「ありがとう」といったあたりのことを書くんだろうな〟と決めつけていたからです。

それに対して彼女は、彼女にしか知り得ない、曾祖母とのかかわりを描き出したのです。私は危うくその子の思いの詰まった芽を摘んでしまうところでした。自分の思い込みで余計なことを言い足さなくて本当によかったと私は心の底から安堵しました。子どもの感性は、大人のそれとは全く別の次元で熟成していくものなのだということを、つくづく思い知らされました。

子どもたちの感性は、この世界をよりよくしていく大きな力となりうるものです。そのための手助けをするのが、私たち教師のなすべきことなのだと改めて感じさせてくれました。

写真3は、自分が通っていた保育園で、いまもフェンスに飾られている、かつて自分が描いた絵の写真です。そこには、次の文が綴られていました。

写真3

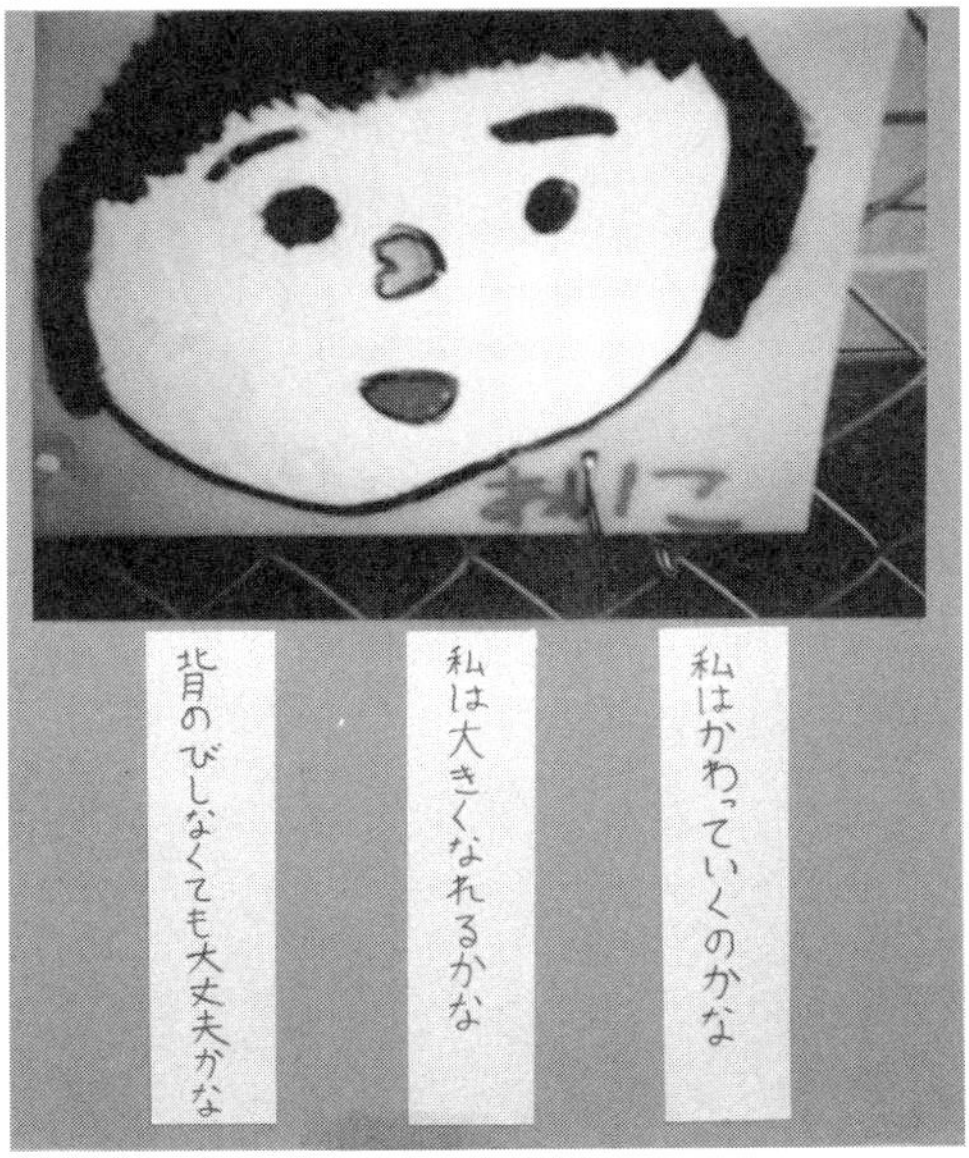

私はかわっていくのかな
私は大きくなれるのかな
背のびしなくても大丈夫かな

この作品をつくった彼女はいつも元気がトレードマークのような子です。そんな子の胸の内に、こんな揺れる思いがあったなど、私は想像すらできませんでした。

この作品づくりを行ったのは3学期で、子どもたちは卒業間近です。中学校という新しい世界への不安感、身体の変化とともに訪れた思春期特有の情緒…自分がどんなふうに変わっていくのかと自分自身の心と向き合う表現に、私は本当に驚かされました。

この子が、わざわざ保育園に足を運んだのも、新しい世界への扉を開ける前に、自分のルーツを確かめておきたかったのでしょう。

子どもが成長していく様子を、大人は当然のことのように喜び、「大きくなったね」と声をかけます。それに対して、子どものほうはどんなことを感じているのでしょうか。

純粋にうれしく思っている子もいるでしょうが、〝本当は成長なんてしたくない。いまのままでいい〟と思っている子もいるはずです。そうした子どもたちの心の揺れが、彼女の作品から伝わってくるようです。

子どもたちと日々一緒に過ごしていても、子どもたちの本当の心の内を知ることは、やはりできないのでしょう。もしかすると、教師やクラスメイトにいつも元気いっぱいな姿を見せながら、〝背伸びしなくちゃ〟と自分を奮い立たせているかもしれないからです。小さな胸を痛めていても、息を潜めてじっと我慢しているかもしれないからです。

そんな子どもたちと接する私たち教師にできることは、子どもたちが発信するさまざまなサインに気を配り、できうる限り、子どもたちが見ている景色をともに見ようと努めることに尽きるように私は思います。

発信されるサインに気を配り、子どもが見る景色をともに見てみる
きれい？
何が？
先生
こっちきてー
きれいだよ
対岸（教壇）側
違い
こちら岸（子ども）側
え!!
きれい!!
ね!!
見せたかったの!!
子どもの本当の心の内を知ることはできない。だからこそ
子どもの考えに耳を傾けて、その都度歩み寄ろうとする
授業の
むずかしさ・おもしろさ
子どもの思いや願いを大切にした授業・活動
ゴミがあれば
きれいにしたいと
思うよな
地域への愛
あの川は
ゴミがいつも
あるよな
川、川、川…
大人の前提・当たり前
授業・活動テーマ
たとえば
地域の川
そうか!!
川にゴミ？
あるっけ？
気にしたこと
なかった！
え!!
ゴミ拾いに
参加したけど
いつもは拾えない
なんと!!
おじいちゃんと
水神さまに
おまつりにいくの
子ども側の意識
理解という前提を外し、お互いの違いを知り、学ぶ
OH!!
何があった!?
いま
さっき
日々変化
子ども
WOW!!
そんな見方!!
みんなへの気づき!!
心踊る裏切り
子どもを理解するとは？

第４章

先達に学ぶ

東井義雄のこと

かつて東井義雄（1912～1991年）という教育者がいました。兵庫県の北部但東町に生まれ、現場教師として、校長として、教育のあり方を探究しつづけ、数多くの著作を残しています。かろうじて名前を知っている程度だった私が東井を知るきっかけとなったのは、ある大学のゼミに参加したときの発表でした。小学校教師になってずいぶん経ってからのことです。

東井は、1932年（昭和7年）に姫路師範学校を卒業した後、豊岡市立豊岡尋常高等小学校に着任し、実践家として小学校教育に携わるとともに、執筆活動を行います。しかし、戦時下、戦争に加担するようなことを書いたことを悔やみ、10年間断筆します。

そんないきさつのある東井ですが、1983年（昭和32年）に、彼の代表作となる『村を育てる学力』が出版されます。その後も、教育現場から実践に基づく論考を数多く発信しつづけ、豊岡市立八鹿小学校長を最後に退官します。退職後は、講演活動をして全国を巡っています。

八鹿小学校長時に、職員とのやりとりを綴った校長だよりである『培其根《ばいきこん》』は、その復刻版の序において、森信三（愛知県出身の教育者）が次の言葉を寄せています。

「㈠児童、㈡教師、㈢校長という三層にわたる教育的生命の相呼応する一大交響楽の記録といってよいであろう」

現在、豊岡市但東町には東井義雄記念館があり、東井の足跡をたどることができます。但東町を訪れたのをきっかけに、縁あって東井の息子・東井義臣さんの妻・東井浴子さんや、東井の最後の教え子であった衣川さんらとの交流をもつことができました。

東井の教え子たちが組織した『白もくれんの会』によって東井の業績は丁寧に残され、『東井義雄創生塾』という会も組織されており、現在も毎年活動がつづけられています。

私は、東井が綴ったものを読んだり、東井ゆかりの人たちの話を聞いたりするごとに、東井の教育観や実践のもつ魅力に引き込まれていきました。昭和30年代、40年代に行われたたいへん古い実践ですが、いまも色褪せることはありません。いえ、むしろいまの時代にこそ学ぶべきことが多いとさえ思えます。

それにしても、なぜ東井を知らないまま、小学校教師として多くの時間を過ごしてしまったのか。私はそれがとても悔やまれます。

私が主に勤務していた学校は、愛知県の東部です。いまの時代であれば、距離はあまり関係ないと思いますが、日本全体からみれば愛知と兵庫はそれほど離れた土地ではありません。しかし、私と当時同年代だった周りの先生方も、東井のことは知りませんでした。

知っていたのは、70代を越えた元教師たちです。以前仕えた校長は、東井の講演会を聞いて感銘を受け、手紙を出したところ返事をいただいたそうで、その手紙をいまも大事にしているそうです。

また、ある学校を訪問したときには、『培其根』という立派なプレートが玄関に掲げられていたこともあります。しかし、プレートの由来についてその学校の先生方に尋ねてみても、あいまいな答えしか返ってきませんでした。

『培其根』には、愛知県豊川市の小学校長と教師が、東井が校長を務めていた八鹿小学校を訪ねたときの訪問記が紹介されています（『東井義雄著作集別巻1　培其根　上』明治図書出版、1976年）。それをはじめて目にしたときは、ほんとうに驚いたものです。その校長は、私が通っていた小学校地区の教育長を務められていたからです。参観授業のときに、6年生の私に直接声をかけてくださったことを覚えています。自分が知っている方の文章が『培其根』に掲載されていることが、とても誇らしく感じました。

学習指導要領が改訂されたり、文部科学省が新しい方針を打ち出したりすると、それを受けて現場では、研修会や伝達講習などが開催され、「これからの…」とか「新しい…」

などといった言葉が盛んに飛び交います。

書店に足を運べば、所狭しと関連書籍が並びます。「これまでの…」を置き去りにするかのように、常に新しい(と宣伝される)ことを取り入れつづけることが、教育界における正しさであり正義でさえあるかのように見えます。そのたびに、私はこう思うのです。

「過去の実践の積み重ねが、現在の実践の礎となっているはずなのに…」と。

東井に限らないことですが、いつの時代にも素晴らしい実践を積み上げてきた教師たちはたくさんいます。そうした貴重な実践を受け継いでいこうとする意識が、年を追うごとに薄まってきているように感じます。10年前、20年前、さらには50年前、60年前の教育は、いずれも古くさく、現代では使いものにならなくなってしまったからでしょうか。「教育再生」という言葉にも、安直に現在と過去を否定し、素晴らしいものは未来にしかないと言わんばかりです。そこには、「これまでの…」に対する敬意のかけらも感じ取れません。

現在も東井を研究している学者はいるし、論文も発表されています。しかし、内容が専門的すぎて、現場の教師にはむずかしく感じます。本来であれば、現場の教師に対してこそ、さらに言えば若い先生方に対してこそ響くメッセージが、東井の文章にはたくさんあります。にもかかわらず、学術研究の世界にとどまってしまうというのでは、さびしいアイロニーだと言うほかありません。

私は、多くの若い世代の教師たちに、東井が考えていたことや実践したことを知ってもらいたいと考えています。どのような職階であっても、必ずや自分自身の教育観に貴重な示唆を与えてくれるだろうと思うからです。そんなささやかな願いをもって、一人の先達として東井の行ってきたことのごく一部を紹介したいと思います。

校長だより『培其根』

「カリスマ教師」などといった言い回しがあります。それに類する言葉を耳にするたびに、私はなんとなく居心地の悪さを感じます。（本当であればなんら変わらないはずなのに）他の教師たちとは違う存在であるかのようにラベリングされているかのように感じるからです。

周囲の先生方とはどのような関係性なのだろう。

やはり異質な存在とみなされているのだろうか。

その人の発言は、校内でどのように受け止められているのだろう。

保護者は、カリスマとは言われない数多くの先生方をどう見ているのだろう。

世に出せば出すほど、その実践はよそゆきの顔をもつようになるのではないか。
そんな疑問が湧いてきます。

実を言えば、東井義雄もペスタロッチ賞を受賞した、（実績からすれば）「カリスマ教師」の一人です。彼の足跡をたどるほどに、自分など足元にも及ばないことを思い知らされます。しかし、「培其根」に登場する東井は、私たちと同じ一人の教師であることを感じさせてくれます。彼はそうした姿勢を貫いた人です。

先に挙げた『培其根』は、東井義雄が八鹿小学校の校長時代の約6年間（昭和41年6月～昭和47年1月）にわたって発行した「校長だより」にあたるもので、東井と教師との日常的なやり取りをまとめ、教師たちに配布されたものです。

そこには、何気ない小学校現場の日常が描かれており、懸命に教育に取り組む教師たちの真摯な姿、悩みや葛藤が綴られています。その脇には東井の言葉が添えられています。
最初に引用するのは、そんな東井の姿勢をうかがい知ることのできる次の文章です。

> 私は、現任校で六年を経過したわけであるが、第一年目の秋、郡校長会の指定の公開研究会をやった以外、一度も公開研究会というものをやっていない。
> その、ただ一回の公開研究会のときには、朝の職員朝会の場で、私は、

「きょうは皆さん、いい授業をみてもらおうと思ってはりきってくださっているのだと思いますが、きょう一日ぐらいはりきってやっていただいても、それで子どもがひどくよくなるというようなものではありません。きょうはまあ、いいかげんにやってくださいそのかわり、うちのほんとうの研究会は、あすからだというつもりで、あすからのふだんの授業をたいせつにしてください。それの方が子どもにとってもしあわせですから…」

というようなことを言った。年中、職員朝会では「おはようございます」以外はしゃべったことのない私の発言であっただけに、職員は、私の気持ちを、よく汲んでくれたようであった。

そして、早速、公開研究会が終わった翌日の職員朝会で、Aさんが、

「急なことで、いろいろご予定もあると思いますが、けさ、一校時、私の国語授業をみていただきたいのです。できるだけくりあわせておいでください」

といった。そのとき、Aさんは、当時まだ誰も手がけていなかった「一読総合法」の授業をやって、みんなの授業についての常識をうちやぶってくれた。

しかも、またその翌日、

「昨日に引き続きで、まことにご迷惑と思いますが、もしくりあわせのねがえる方は、

きのうの続きの授業を見ていただきたいと思います」と、職員朝会で呼びかけてくれた。もちろん、そのようなことを私がAさんに依頼したわけではない。公開研究会当日の職員朝会での私の発言に、彼が、すなおに反応してくれたにすぎないのである。

そして、このあたりから、「ふだん着のままの授業研究」が、どんどん進められるようになりはじめたのである。

（東井義雄著「教職員をうまい授業者に育てるには」『東井義雄著作集７』明治図書出版、１９７２年より）

東井が、見栄えや外聞よりも、どれだけ目の前にいる子どもたちの成長を願っていたのかがわかります。加えて、研究発表に対する考え方についても学ぶべきことが多いと思います。

「教師と子どもたちが響き合うなかで生まれた実践がある」どんな教師もこれと似た体験をしたことがあると思います。研究紀要などでは、そうした体験を実践記録として残すのが一般的な方法です。研究者であれば、学術的な見地から実践を分析することが多いと思います。

それに対して、『培其根』は、それらとは異なる特徴があります。ともに教育実践を重ね、学校づくりの核となっている校長が、教師たちの実践を意味づけたり、支援したりしている姿を綴っている点です。教師たちの授業記録、子どもたちへの指導記録、教師たちの日々の悩みが、東井の手によってまとめられています。

私も小・中学校の現場で働いていたころは「週案簿」に記録し、反省欄には自分の至らなかった点などを書いては管理職に提出していました。この反省欄などは、自分自身の実践や指導内容・方法をリフレクションするうえで大いに役立ったし、管理職からのコメントによって勇気づけられることもありました。

また、若い教師が綴った悩みに対してメッセージを送ることもありました。このようにして、「週案簿」は文章を通じて子どもたちの姿や授業の様子、教師自身の悩みを語り合う場となっていました。しかし、(時間が足りないことなどを理由にして)東井のようにはできませんでした。

東井はそうした労力を少しも惜しみません。いえ、惜しまなかったのではなく、その反省欄をとても重視していたのでしょう。八鹿小学校の教師たちも、反省欄を通じて東井に真正面からぶつかっていき、実践や自分の考え方を存分に綴っています。

東井は次のように記しています。

職員が毎週提出してくれる「週録」の裏側には、私はひとりひとり、期待と祈りをこめて、ひとりひとりの仕事に対する私の期待を、手紙のように書き付けて返す。職員は、書くことの好きな者も嫌いな者も、時には私事にわたる事柄まで書き付けて私に呼びかけてくれる。私はまたひとりひとりに、ラブレターを書くような思いで呼びかけにこたえ、私の祈りと期待を書き綴っていく。

きょうも、返却した週録を、同学年の三人が見せあって、私の書いているところを、ウンウンとうなずきながら読みあって、三人で話しあってくれている風景が職員室に見えていた。

私は、毎晩、寝床にはいってから、全職員の名前をひとりひとりつぶやきながら眠りに入ることを習慣としているが、現実には、なかなか全職員ひとりひとりとことばを交わす時間がもてない。そのことを申し訳なく思うから、よけい「週録」によるペン対談にはねがいをこめずにはおれないのである。

（東井義雄著「校長の教育論」『東井義雄著作集7』明治図書出版、1972年より）

「私はまたひとりひとりに、ラブレターを書くような思いで…」ということの記述は、偽りのない東井の姿勢なのだろうと思います。

ＩＣＴ機器の活用方法の確立、時短のための仕事の効率化など、現代の教育現場ではなんとかして取り組まなければならない当面の教育課題がたくさんあります。しかし、そうした仕事をこなしているだけでは、自分自身の教育観を形成するのはむずかしいのではないでしょうか。もしそうであるとすれば、時間をつくって、東井のような実践家の姿にふれることが、（殊に若い先生方にとっては）その足がかりになるのではないかと私は思います。

後段で東井は、「全職員の名前をひとりひとりつぶやきながら眠りに入ることを習慣としているが、現実には、なかなか全職員ひとりひとりとことばを交わす時間がもてない」と語っています。ここで言う「職員」を「子ども」に置き換えれば、いまも、多くの教師たちが抱えている思いや悩みとも重なることでしょう。

さらに次の文章からも、東井の考え方をより知ることができます。

学級担任であった頃、子どもが出してくれる日記のノートに、子どもが三枚書けばこちらは五枚の感想を書く、というようにやってきた調子で、週録の裏面を埋めていった。

そうしている中に、職員の方でも、狭い反省欄では書き足りなくなって、はり紙をして記録を書いたり、別にノートをつくって実践の記録を書いたりしてくれるようになった。

「反省欄をもっと大きくしてほしい」というような動議も出されるようになった。しかし、私は、それには反対した。子どもの中にもそういう子どもがあるように、職員の中にも、「書く」ということには抵抗を感じる職員もあることを私は承知していたからである。そういう職員の中には、反省欄に「秋」という字がたった一字書いてあったり、「この週もまた忙しかった」とただ一行書いてあるだけ、というのもあった。私は、それはそれでいいのだと思った。

ただ一字ただ一行でも書いて、まちがいなく提出してもらえることの中に私の喜びがあった。それで、その心をいたわるような思いで、裏面の白さはぎっしり埋めていった。反省欄を大きくすることによって、書くことの抵抗感をさらに大きくし、週録を提出するそのことにまで抵抗感をもってもらうことの方がむしろ心配であった。もしも、そういうことにでもなれば、「ひとり」と「ひとり」のであいが消えてしまうかもしれないからである。

（東井義雄著「序」『東井義雄著作集別巻1　培其根 上』明治図書出版、1976年より）

「秋」としか書かなかった教師に対しても「それはそれでいいのだ」と肯定しています。こうした点に東井の飾り気のない魅力があるのだと思います。教育活動において、その本質が大切にされるのであれば、飾りなど必要ありません。

東井は、教師と校長とを結ぶ大切なパイプとして「週録(週案簿)」をとらえており、書くことによって反省するとか校長に報告するとかいったように、なにか強いるものにしていません。そうしたスタンスで、一人一人の教師たちと向き合っていたことがわかります。

東井のもとで勤務した千葉孝子先生とお会いした折、『培其根』のもととなった千葉先生自身の週録を見せていただいたことがあります。八鹿小学校5年目、教師生活9年目で、はじめて6年生を担任したときの実際の週録であり、手書きの文章からは印刷物では味わうことのできない、当時の息遣いが感じられました。

千葉先生の授業記録や反省記録には東井のコメントが記されています。41週のうち東井のコメントがないものはわずか3回。それ以外は、その週の頁の裏面のほとんどが、東井の言葉で埋められています。

次は、そうしたコメントの一部です。

「山びこのように先生のねがいが、ことばのことばを使わなくてもことばにならないことばで、ひびいていく状態にならないと授業は動き出さないものですけれども、だんだんそういう姿がうまれてきているようで、ありがたいです」

「子どもたちも伸びることは楽しいんですね。自分が伸びはじめたという実感がもてるとおもしろいんですね。伸びるよろこび　太るよろこび　を思いだしてくれたようだし、学ぶということは　何をどうすることなのか　ということを思いだしてくれたことを『ひろば』を読ませてもらいながら感じます」

「たいていの人は、問題のない道を選んで進もうとするものです。ところが、千葉さんは教師として生きる道を選ぶのに但馬を選んで下さった。ほかの人が『しんど』がる仕事を敢て進んで選んでくださる。『しんど』そうな態度を微塵も感じさせられない」

「下ナンバのコーラスでも、見ているまに見事な伴奏をつけてしまわれることに感心したのですが、伴奏というものは、つまらぬものでも、つまるものに変えていくふしぎな力をもっているのですね。そして、千葉先生という人は、その伴奏をつける名手のようだ。六年生の活動を見ていても、伴奏のふしぎな力がずいぶんはたらいている」

もし、読者のみなさんが「なぁんだ、こんなやり取りなら私もしてる」と思われたとしたら、それこそが東井の魅力なのだと思います。

東井は常に実践者の延長線上に居ます。何気ない日常を紡いでいくなかで仕事を成し遂げている実践者なのです。千葉先生とお話をしながら、私はそう強く思ったのです。第1章でも取り上げていますが、『培其根』のなかで、最初に私の心に留まったのが次の言葉です。

「教育」は、結局「ひとり」「ひとり」の確立である。いくらうまい授業をやったところで、うまい発表会をやったところで、りっぱに見える体育会をやったところで、それが、「ひとり」「ひとり」の確立につながらないのでは、「教育」とはいえない。

加えて、『『ひとり』『ひとり』の確立」については、次の文章も印象的です。

水も漏らない　陶器のすきまを、超顕微鏡的微生物は自由に出入りするということだが、私たちは、どんなりっぱなりくつさえも出入りすることのできない　子どもの心の内側にはいりこんでいく、超顕微鏡的なものを求めて進まねばならぬのである。

そんなことは、考えられるだけで望めるべくもない、という意見があるのかもしれない。けれでも、平野さんは、それをやっている。教師としての限界は、みごとに、他の力を借りてやっている。

（中略）

しかし、そうも見えるが、それも、「ひとり」「ひとり」の確立をねがいとする平野さんという教師があったから、そうなったのであろう。

するとやっぱり、問題は「教師」だということになるようだ。しかも、教師の「愛」だ、ということに…。

それにしても、こうして、「ひとり」の子を立ち上がらせるために、そのまわりのいろいろな在り方・動き方を、ひとつの願いのもとに、整備し、組織していく仕事を私たちもおし進めようではないか。

（東井義雄著『培其根』第二巻、昭和四十二年度（復刻版）、不尽叢書刊行会、２００３年より）

これは、「夏休み生活・研究発表会」（昭和41年９月）と題して平野先生が書いた文に寄せた東井のコメントです。

平野先生は、担任するクラスのＴという子どもの様子と、彼が生活・研究発表会のクラス代表になった経緯について綴っています。その経緯を、「『ひとり』『ひとり』の確立をねがいとする平野さんという教師」の実践であるのだと東井は言い、「『教育』は、結局『ひとり』『ひとり』の確立である」という考え方を示しています。

平野先生が綴った出来事を『培其根』に掲載し、それに対する校長の考え方を綴って(東井はまず平野先生の週録に返事を書いているので、この文は2回書くことになります)、職員に校長だよりとして配布しています。校長となり、直接子どもたちを指導する立場ではなくなってからは、八鹿小学校の教師たちの行った実践に対して、東井は校長という立場から自分の考え方を伝えていたわけです。

このように考えれば、東井が行っていたのは、担任が行う授業づくりや学級づくりと同じだと気づきます。教育行為を行う対象が子どもから所属職員になったにすぎず、その根底にある教育観や指導観は、東井自身が教壇に立っていたころと変わらないのです。

平野先生が週録に書いたTという子どもに起こった固有な出来事に対して東井は、「『教育学』も『心理学』も『教授学』も、一般的なことは教えてくれても、『ひとり』『ひとり』の個人的事情に適応する方法までは教えてくれない」と言います。これこそまさに、現場の教育論の必要性を訴えるものにほかならないのではないでしょうか。

子どもの個人的事情に適応する方法をどのように学ぶのか、それは現場の教師たちがお互いの経験を伝え合い磨き合うことを通して学ぶしかない、そんなメッセージが込められているように私には思えます。

さらに、東井は言います。

文部大臣でも、偉い役人でも、教育学者でも、やれない仕事、どんな権力を動員してもやれない仕事、私たちの仕事は、そういうむずかしい、しかし、大切この上ない仕事なのだ。

東井自身が、一人の現場教師として、自身の行った実践を通して、ときには学者たちとも磨き合っています。東井の強さはここにあります。けっして実践から離れることはないということです。東井の言葉には常に子どもたちの姿があり、東井の理論はそうした子どもたちの姿から導き出されたものです。

先に示した千葉先生の手書きの週録には、多くの同僚たちの名前が登場します。千葉先生も東井も、同僚の名前を出しては感謝の気持ちを伝えたり、実践を伝え合ったりしています。

週録でのやり取りを通して、『培其根』の発行を通して、「チーム八鹿小」がどのように形成されていったのか、そしてそれは今日の学校教育が求める姿と重なり合うものであることを東井が伝えてくれているのです。

平成4年の春に私は縁あって、これまで世に出ていなかった東井義雄の資料（段ボール箱10箱以上）を整理する機会に恵まれました。といっても、私が行ったのは、初代・東井義雄記念館館長であった宇治田透去氏が保管していた東井の記録やアルバムなどの資料をナンバリングするお手伝いです。

一つ一つ段ボール箱を開けるたびに、東井が若いときに書いた指導案、年間ダイアリー、講演メモ、東井自身の週録などが出てきて心がふるえました。

ほかにも手紙がありました。それは、戦地に向かう教え子たちからのものでした。胸が痛みました。そして、教育が果たすべき役割を改めて感じました。これらの資料は、いずれ東井記念館で公開されることでしょう。

さて、ここまで『培其根』を軸に東井の軌跡を辿ってきましたが、私がみなさんに伝えたいことの百分の一も書けていません。さらに言えば、東井研究者からすれば千分の一程度にすぎず、〝焦点化すべきはそこではないのではないか〟などとお叱りを受けるかもしれません。

ただ（長い間、小・中学校の現場で教鞭を執ってきた）私にとっては、まずなによりも『培其根』なのです。校長である東井と八鹿小学校の教師たちとの赤裸々な現場の姿を浮き彫りにした『培其根』は、掘り下げるほどに新たな発見があります。

先達に学ぶ

児童数150人ほどの小さな学校に勤務したときのことです。職員7名で夏休みの期間を利用し、兵庫県但東町にある東井義雄記念館と東光寺（東井義雄の生家）を訪ねたことがあります。

これは、教材研究を目的としたものではなく、現職研修の一環として実施した先生方の夏の宿題です。右に挙げた場所を訪れて取材するとともに、『培其根』を通して自分が学んだことをレポートにまとめ、夏の終わりに報告会を行う取組でした。

そこでここでは、「現職研修だより『南風』」に掲載した先生方のレポートの一部を抜粋して紹介します。

瓦礫の中にいた自分（M先生）

東井義雄の名は、自分が新任だったころ、新任研修や国語サークルの会などで、当時教育長T先生の口から幾度となく耳にしました。T先生は、はじめて教員になった私たちに、子どもの前に立つ心構えや教育のあるべき姿について語ってくださっていたのだと思います。

しかし、そのころの私は、「東井義雄という方は素晴らしい」と聞くたびに、自分からは遠い存在に感じられました。T先生がそのころ話してくださった良寛の生き方や書「愛語」にかけられた思いには感銘を受け、柏崎の五合庵や良寛の墓、記念館を訪れたこともあるのですが、東井義雄については敬遠したままでした。

勤務校には「心のスイッチ」の詩が大きく掲示されていましたが、「東井義雄か…」とどこか冷めた思いで眺めていました。そして、深く知る努力もしないまま、今日にいたっていました。

このたび、東井義雄記念館やご自宅を訪ねたり、教え子や身内の方のお話をうかがったりする機会を得て、東井先生のお人柄を垣間見ることができ、いままでとは違う考えをもつようになりました。

今回、東井義雄記念館で当時の教え子で館長をしておられる衣川さんから、当時の東井先生の話を聞きました。

「小学生だった自分から見た東井先生は、厳しくて怖かった。先生はご自分にも厳しい方だったので、その姿を見ていると、自然にその厳しさが伝わってきた。授業も厳ししかった。隣としゃべるなどということは全然できなかった。ごそごそしていると、チョークが飛んできてよく怒られた。国語の授業は、どう考えるか、友達の意見を聞いてどう思うかを次々に聞かれる。人数が少ないからすぐに順番が回ってくるので緊張の連続だった」

東井義雄が残した言葉や詩を読むと、いつでも優しく広い心で包み込む神様か仏様のような方だとずっと思っていたので意外に思いました。それと同時に、教師としての東井義雄の姿がリアリティをもって感じられるようになりました。

そういう思いで東井の書かれた「生きているから」を読むと、東井が天才やスーパーマンのような教師ではなく、目の前の子どもたちにどんな力をどうやってつけさせることができるのか、日々悩みながら子どもたちと向き合い、本気で格闘していたことを感じ取ることができました。

生きているから

私は教師になってからも、なかなか子どもという奴はかわいい奴だなんて思えませんでした。（中略）「かわいい」と「憎い」のどちらに近いかというと「憎い」ほうに近いというのが私でした。一番適切な言葉は何だろうかと考えてみると、「子どもという奴はずいぶんやっかいな奴だ」ということになるような気がしたものです。

子どもが「やっかい」だというのは、先生づらをして子どもをねじまげようとするから「やっかい」なのであって、それは、子どもが生きているから、こちらの思うようになってくれないのであって、それはたいへん結構なことであるとわからせてもらったのは、ずっと、後のことでした。

（東井義雄）

また、記念館の一隅のガラスケースに、不朽の名著といわれる『村を育てる学力』という本が展示してあり、その本の扉には東井自筆の詩が書かれていました。「ふみよ」というのは、東井の妻です。

いつも
わたしの　いのちと
しごとと
生きがいの
支えになっていてくれる
あなたに　この書物を

ささげる　　　　　よしお
ふみよ

わたしは、１９１２年（明治45年）生まれの夫が妻に対して、このような詩を贈ったことに驚きました。この時代、自分の妻に感謝し、言葉で伝えることのできる人は、多くはなかったと思います。まして外で立派な仕事をし、社会的に高く評価されていたにもかかわらずです。身近な者に感謝し大切にすることのできる人だからこそ、児童や生徒たちにも深い愛情をもって向き合うことができたのだと思います。

東井義雄の素晴らしさに気づく努力をしなかったわたしは、まさに「瓦礫の中にいた」といえます。私に残された教師としての時間は残り少ないですが、その精神の万分の一でも真似して子どもたちに接していきたいと思います。

『培其根』から学ぶ（H先生）

『培其根』は、私が小学生だったころに残された記録ですが、現在の教育活動においても東井の言葉はとても重く考えさせられるものでした。また、東井の部下であった教師の子どもたちへの深い思いにも感心させられました。

千葉先生（八鹿小学校の教諭）は自分を振り返り、「明るく朗らかでありたいとねがいながらも、子どもにはなかなかその面を見せることができない、そんな私です。本を読んでいるとき、ピアノを弾いているとき、そんなとき、私は私自身をとりもどしたことを感じます。ほかの先生方のすばらしさに目がくらんで、足許がふらつきかけている私です。力みかえれば力むほど、子どもたちが離れていってしまうような気がしてなりません。さびしいんです。日曜日、田んぼの草取りでもしながら考えてみます」と書き記しています。

教師としての自分と真剣に向き合った言葉であると感じます。そして、胸が苦しくなります。私も同じような思いを何度してきたでしょうか。

そんな千葉先生の言葉に東井は「私もなかなかよく怒ってきたものです。怒るたびにわきでる毒素の中毒にかかって、一度もよう太らずにじいさんになってしまいました。よく怒るのも腹をたてるのも熱心さのあらわれではあるのですが、自分のためにも子どものためにも、よくはないようですね」と答えています。

自分もそうであったと言い、共同で何か考えましょうかと寄り添っているように思います。そして、教師が行った手立てに対し「あなたのいっしょうけんめいな工夫をきくと、偉いなあと思わずにはおれません。この真剣な智慧に頭がさがるのです」と認めています。

また「あなたという先生は、首から上でものを考える先生かと思っていたら、手や足でものを考えていく先生であることがわかってほんとうにうれしいです。首から上の智慧なんか、体におろすと、たいてい何のたしにもならんものです」と教師のよさを感じ取り喜んでいます。

そして「子どもたちにも、手や足をつかってものを考える考え方のねうちを教えてやってください」と締めくくっています。

千葉先生は幸せ者だと思います。一つの作文日記からこれだけの指導を受け、たくさんの勉強ができたのですから。

もうすぐ2学期がはじまります。焦らずにのんびりと、そして真剣に悩んでいきたいと思います。

「ひとり」のなかに「みんな」が生きているような「ひとり」「ひとり」を…（S先生）

「稲むらの火」を教材に、東井が授業を行ったときのことです。

稲むらのすべてに火をつけ終わった五兵衛が、たいまつをすててじっと沖を見つめている場面のところで、S君というちょっとおくれた子どもが、「豊年でたくさんとれた稲をみんな燃やしてしまって、おしいことをしたと思いながら沖をみているのだろう」と書いていました。それを見た東井は、まずS君に発表させ、わざとS君の味方に立ちます。

東井　だって、豊年でたくさんとれた稲を、みんな燃やしてしまったんだもん、惜しいことをしたと思っているかもしれないじゃあないか。

子　でも先生、どうも五兵衛さんはそんなケチな人ではないと思います。

（中略）

東井　自信満々なんだね。でも、文のなかに、君たちがそう思わずにはおれないような証拠でもあるんかい？

するとと子どもたちは、文を読み返しはじめた。

子　あった！先生、五兵衛さんは、稲むらに火をつけるまでに「もったいないが、これで村中のいのちがすくえるのだ」とつぶやいています。「もったいないが」の「が」は、稲の値打ちと、村の人のいのちの値打ちをてんびんにかけている「が」です。五兵衛さんは、最初は、S君のように惜しいと思ったけど、結局、村の人のいのちの大切さに心が落ち着いてしまったのです。それは、「これで村じゅうのいのちが救えるのだ」の「のだ」に表れています。心が落ち着いたから「のだ」と言いきることができたんだと思います。

こうしたやりとりの後、東井は次のように子どもたちに話をします。

先生やS君がはじめに考えた五兵衛さんは、本当の五兵衛さんとは違うらしいな。やっぱりみんなが感じていた五兵衛さんのほうが、本当の五兵衛さんに近かったらしいな。

だが、みんなたちよ。みんながはじめつかんでいた五兵衛さんも、まだ本当の五兵衛さんではなかったと思うのだがどうだろうか。みんなも、この時間、やっとこれが本当の五兵衛さんだという五兵衛さんをつかむことができたんではないだろうか。

それにしても、今日の国語の勉強は近頃にない真剣ないい勉強ができたね。こういういい勉強ができたこと、そして、本当の五兵衛さんをつかみとることができたこと、この訳を考えてみると、S君があういう読みをしてくれたおかげだ。今日の文化勲章はS君だね。

子ども一人一人の読み取りを大事にし、そこから読み取りを深めていくことは、子どもたちの興味をかきたて、学ぶ意欲を持続でき、さらに読み取りが深まる方法だと思います。

東井のように、読み取りがちょっと違う子に発表させ、先生も味方になって「先生は、思うんだけど…」と意見を言う。これは、以前私も教頭先生から言われていたことです。東井がS君の味方に立つことで、違った意見のS君も安心するし、文化勲章をもらったことで、読み取りは違っていたけど、「よかったあ」という嬉しい気持ちが残ります。「先生はこう思うけど…」と言うことで、東井学級は、『が』『のだ』と、たった一文字、たった二文字にまで着目して登場人物の心情を読み取るまでに成長できます。

「ひとり」のなかに「みんな」が生きるというのは、「ひとり」を大事にしていくこと、「みんな」のおかげで「ひとり」が高まっていけること。「ひとり」を大事にすることで、みんなが、みんなで成長できることなのだと思いました。

この箇所の文章を読んでいて、京都大学の石井先生が言われていることとつながるものを感じました。子どもたちの経験をもとにした発言を大切にして同じ目線で学習することは大事だし、教科で学ぶべきこともしっかりとおさえることも大事です。でも、それだけじゃなく、最終的に生活に戻すことで、生きた学習になっていくのだと思いました。子どもたちの経験や体験を大切に学ぶべき学習を進め、子どもの生活に返す学習になるよう授業を進めていきたいと思いました。

最後に紹介するのは、「東井義雄」という枠を外し、自分で先達を決めて報告会を行った年のレポートです。F先生は、アップル社創業者の一人であるスティーブ・ジョブズを先達に選んでいます。

スティーブ・ジョブズから見る教育（F先生）

「スティーブ・ジョブズはなぜ、世界的な製品を開発しつづけることができたのか」という視点から、子どもたちの学びに必要なことを考えてみたいと思います。

〈目線の転換が必要〉

売れる商品を開発するにはユーザー目線が大切です。しかし製品開発の現場では、この目線が見失われがちだと言います。よくいわれるのが、開発者の「わかっている症候群」です。開発者自身が便利だと考える機能を盛り込むあまり、かえって顧客満足度を下げてしまうというのです。

専門家が有益だと考える機能と、ユーザーが有益だと考える機能には大きな隔たりがあるということなのでしょう。開発者目線では、ユーザーにとっては面倒でわかりにくい機能が増えるだけで、世の中に受け入れられる製品を開発することはできないということです。

それに対して、ジョブズは機能を増やすのではなく、そぎ落とすという発想です。iPodであれば電源ボタンをなくしています。iPhoneであればタッチパネルを採用し、その使い勝手を劇的に向上させました。直感的な操作を可能にし、見た目の新しさとユーザー目線の使いやすさを融合できたことで、ヒット商品となりました。

翻って学校現場に目を向けると、教師目線で授業をつくるのか、それとも子ども目線で授業をつくるのかという問いとの親和性を感じます。

子ども目線に立つならば、指導案を書くときも「子どもだったらどんな発言をするだろう」と想像してみる、大人にとっては簡単な活動も目の前の子どもにとってはどうかと考えてみる、「〇〇を学ばせたい」という教師の思いよりも、「子どもたちが学びたいと思っていることはなにか」という発想から授業を構想するといった考え方にシフトできるように思います。

〈集中思考と拡散思考〉

ジョブズは新製品の開発時には、部下の発想力を大事にしたそうです。構想段階でも「こういうものをつくりなさい」などとは言わない。具体的にどのような工程で新商品を開発していたのかはわかりませんが、その根底には「集中思考」ではなく、「拡散思考」を重視しているのではないかと思われます。

集中思考は、既存のアイディアを評価したり、実行に向けた道筋をつけるのに適している一方で、新しいアイディアを発想するには不向きだと言われます。それに対して拡散思考は、既存の考え方・方法・実績は脇に置き、ゼロベースで思いつくままにアイディアを出していく思考です。

前例を重視している人からすれば非現実に思えてしまい、「そんなことはやったことがない」「原価を回収できるのか」などと否定的に受け止められてしまうかもしれません。しかし、イノベーションを起こすには、この拡散思考が欠かせないのです。

実はこの拡散思考、なにかに似ていると思いませんか？　そう、子どもの発想です。ジョブズは、部下にも子どものような発想を求め、既存のあれこれにとらわれずに出したアイディアを実現することができたからこそ、世界的なヒット商品を生み出せたのではないかと思われるのです。

授業に置き換えて考えてみましょう。算数であれば、「4＋7の答えが11になるためには、どんなことが必要ですか？」といった問いが、子どもの拡散思考を促すと考えられます。答えを出すよりも、その答えにたどり着くプロセスを明らかにしようとするアプローチです。

授業の世界においては、セオリーから外れる実践を行おうとすると否定されがちです。しかし、変化の激しいこれからの社会を生きる子どもに必要な力は、既存のセオリーに縛られず自由な発想で考えてみる、率直に友達と意見を交わしながら自ら学習をつくっていけるようにすることである以上、教師にこそ拡散思考に基づく授業づくりが必要なのではないでしょうか。

そして、次の世代へ

こうして見てくると、私たち教師は「さまざまな先達から多くのことを学び取ることができる」ことに改めて気づかされます。ただ、このように言うと、〝これまでだって、そうしてきたはずなんじゃないか〟と思う方もいるでしょう。

昔から温故知新、故きを温ねて新しきを知るなどとも言います。その一方で、心の内ではそうしたいと思いながら、目まぐるしく変化する時代の流れに取り残されないよう新しいものを追いかけるのに精一杯。過去の実践を振り返る余裕をもてずにいる先生方は少なくないように思います。

しかし、本当にそうであってよいのかと思うことがたびたびあります。いま、大切なことは、歩みを早めることではなく、いったん立ち止まってみることではないか…と。

たしかに、東井義雄が教師として生きた時代の子どもたちと、現代の子どもたちが置かれている環境は大きく異なっていることでしょう。単純にどちらが「いい・悪い」などとは言えません。

しかし、目の前にいる子どもたちに必要な教育とはなにかを考え、実践をつくっていく所作は、いつの時代も変わらないはずです。そうであれば、急ぎ足で流行を追うよりもまず、いったん立ち止まって大きく深呼吸し、不易に目を向けるほうが賢明であるように思います。

以前、京都大学名誉教授の辻本雅史先生が言われた「教育について迷ったり困ったりしたときには、貝原益軒先生（江戸時代の本草学者、儒学者）を訪ねる」という言葉が思い浮かびます。

辞書を紐解くと、「先達」とは「学問・技能・芸術・修行などで、先にその道に達した人。先輩。先人」とあります。貝原益軒や東井義雄もまた先達ということができるでしょう。そして先達とは、歴史に名を残す偉人ばかりではありません。

自分がかかわってきた同僚や先輩、上司のなかにもいます。いずれも、教育という世界で道を切り拓いてきた先達です。その道のりには、どの時代の教育においても取り入れるにふさわしい不易が隠れています。

＊

私自身、30年あまりの間にたくさんの教師たちと出会い、ともに求める教育の実現に向かって学び合ってきました。そうした学び合いの中心には、いつも目の前の子どもたちの姿がありました。けっして独りよがりとはならない教師の学びです。

教職経験がどれだけあるとかないとか、学術的な知識があるとかないとか、職階がどうだとかといったことはいったん脇に追いやってしまえばいい。立場を越えて同じ土俵に立ち、授業の事実、目の前の子どもの姿をよりどころにして語り合う。そうすることさえできていれば、教師として道を踏み外すことはないと私は思います。

それどころか、そのような場で生まれた発想は、浮かんでは消えるあぶくではなく、数多くの先達が時代を越えて連綿と紡いできた実践のその先をつくり出す萌芽です。そのようにして私たち教師は絶えずして、次の世代へと足跡を残していくのです。

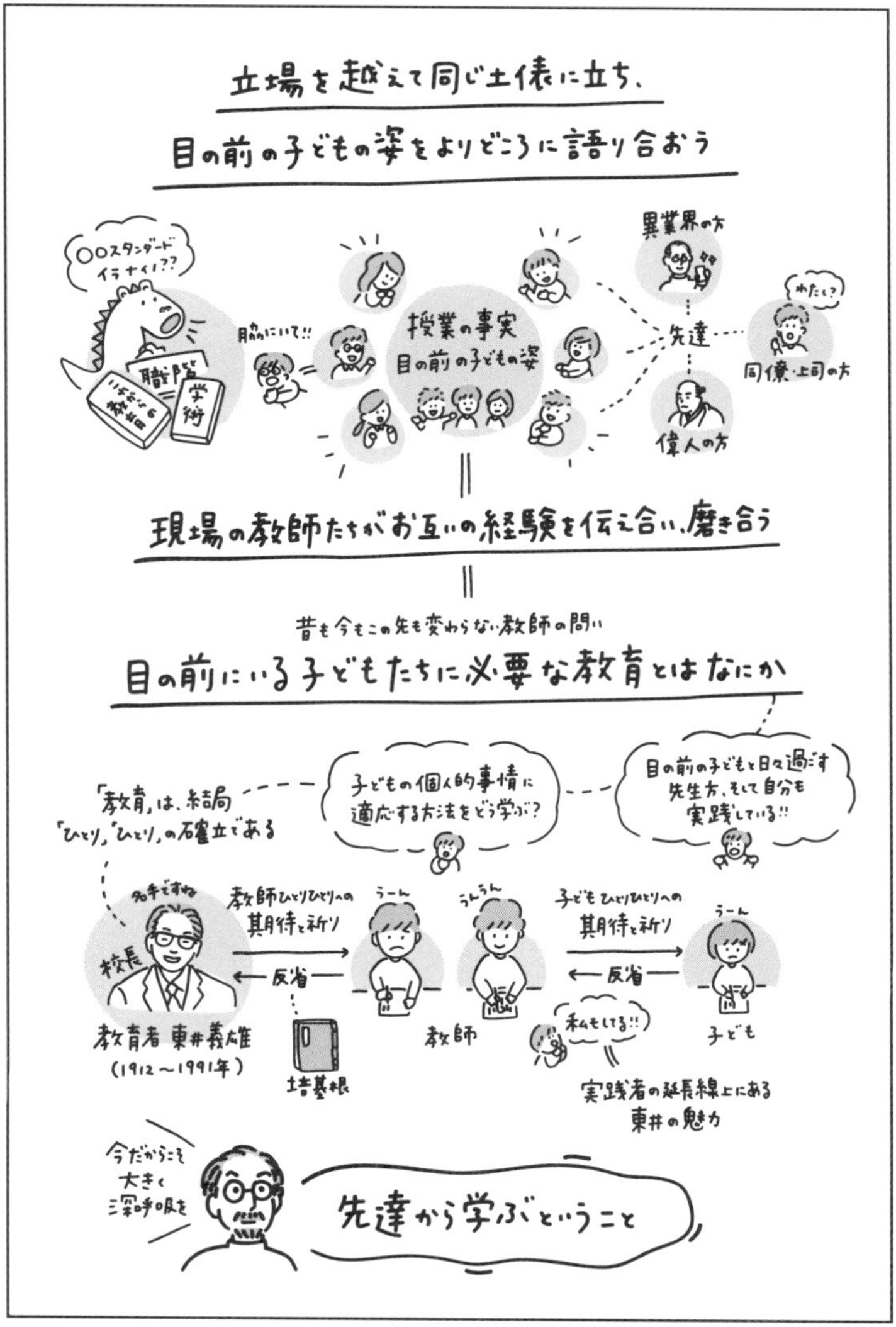
立場を越えて同じ土俵に立ち、
目の前の子どもの姿をよりどころに語り合おう
○○スタンダード
イラナイ!??
職階
学術
脇にいて!!
授業の事実
目の前の子どもの姿
異業界の方
わたし?
先達
同僚・上司の方
偉人の方
現場の教師たちがお互いの経験を伝え合い、磨き合う
昔も今もこの先も変わらない教師の問い
目の前にいる子どもたちに必要な教育とはなにか
「教育」は、結局
「ひとり」「ひとり」の確立である
子どもの個人的事情に
適応する方法をどう学ぶ?
目の前の子どもと日々過ごす
先生方、そして自分も
実践している!!
校長
教師ひとりひとりへの
期待と祈り
反省
うーん
うんうん
子どもひとりひとりへの
期待と祈り
反省
うーん
教育者 東井義雄
(1912～1991年)
培其根
教師
私もしてる!!
子ども
実践者の延長線上にある
東井の魅力
今だからこそ
大きく
深呼吸を
先達から学ぶということ

おわりに

以前、ある学校で先生方の理解と協力を得て、「伝える」（コミュニケーション）をテーマに実践研究をしたことがあります。その際、先生方とともに次の3つを共有しました。

①職員室に入ってきた子どもの「失礼します」という声に対して、「はーい」とか「どうぞ」といった言葉で教師たちが必ず応えること。
②校外からの電話には2コール以内に受話器を取ること。
③職員会議をはじめとする諸会議を1時間以内に終わらせること。

実際に実践してみると、職員室をはじめとして校内の場の空気が軽やかと言うか、以前よりも風通しよく感じられるようになりました。これは私だけの印象ではなく、どの先生も感じていたことでした。

教師と子ども、教師同士、子ども同士、日々の学校生活そのものがコミュニケーションの場です。そうである以上、お互いに気持ちよく言葉を交わせるかいかんで、その学校の居心地よさが決まると言っても過言ではありません。

言葉にすればとても当たり前のことです。しかし、コミュニケーションの大切さを子どもに指導するだけでなく、教師自らもコミュニケーションをよりよくしようと意図的に実践している学校は、意外と多くはないような気がします。

保護者などの校外からの電話もそうです。職員室などに電話がかかってきても、なかなか受話器を取らずにいると、それだけで相手を不機嫌にさせてしまうことがあります。クレームの連絡であればなおさらです。受話器を取る前から状況をより悪化させてしまうのだとしたら、百害あって一利なしといえるでしょう。

それに、2コール以内にだれかが電話に出るというのは、それほどむずかしいことではありませんでした。実践校でもすぐに習慣化してしまい、電話をかけてきた側も、受けた側も気持ちよく対応できるようになりました。これも、教師間の共通理解のもとで一人一人意識的に行ったことが功を奏しました（おもてなしの気持ちです）。

「諸会議を1時間以内に終わらせる」については、先生方の心に余裕をもたらせてくれたように思います。どうしても時間以内に終わらせることができない場合には、必ず休憩を挟むこと、延長時間は30分までにすることを徹底しました。そのおかげで、〝この会議はいったい、いつになったら終わるんだ…〟といった余計な疲労感を感じずに済むようになりました。多くの工夫が必要でしたが、なによりも伝える人が伝える内容の要点を見極めていくことができるようになりました。

実を言うと、これらもまた現場の教育論に紐づく取組です。

子どもに「伝える」力を育成したいと考えるならば、子どもに指導するよりも先に、やらなければならないことがあります。それはまず、私たち教師自身が「伝える」力とはなにかを知り、日常のさまざまな場面で自ら率先して実行に移せるようになることです。そうであってはじめて、学校という場で、子どもも教師も学校にかかわる人たちも、ともに「伝え合う物語」を紡いでいけるようになるのです。

現場の教育論とは、「一回性」「固有性」に満ちた多様な物語を子どもとともに紡ぐために必要な考え方であり、目の前の子どもに応じて変化しつづける可変的なノウハウです。そうであるがゆえに、「現場の教育論とはこうだ」などと定義づけることはできません。

これが、第1章の冒頭でも語った「本当に優れた実践は、なかなか世の中に出てこない」ことの理由の一つです。一つ一つの物語は、生まれては消えていくものです。しかし、それでよいのです。子どもが日々成長していけるようにすることが、私たち教師の最大の教育目的なのですから。

教師不足が叫ばれる今日です。教員採用試験の受験倍率が年々下がっている自治体も